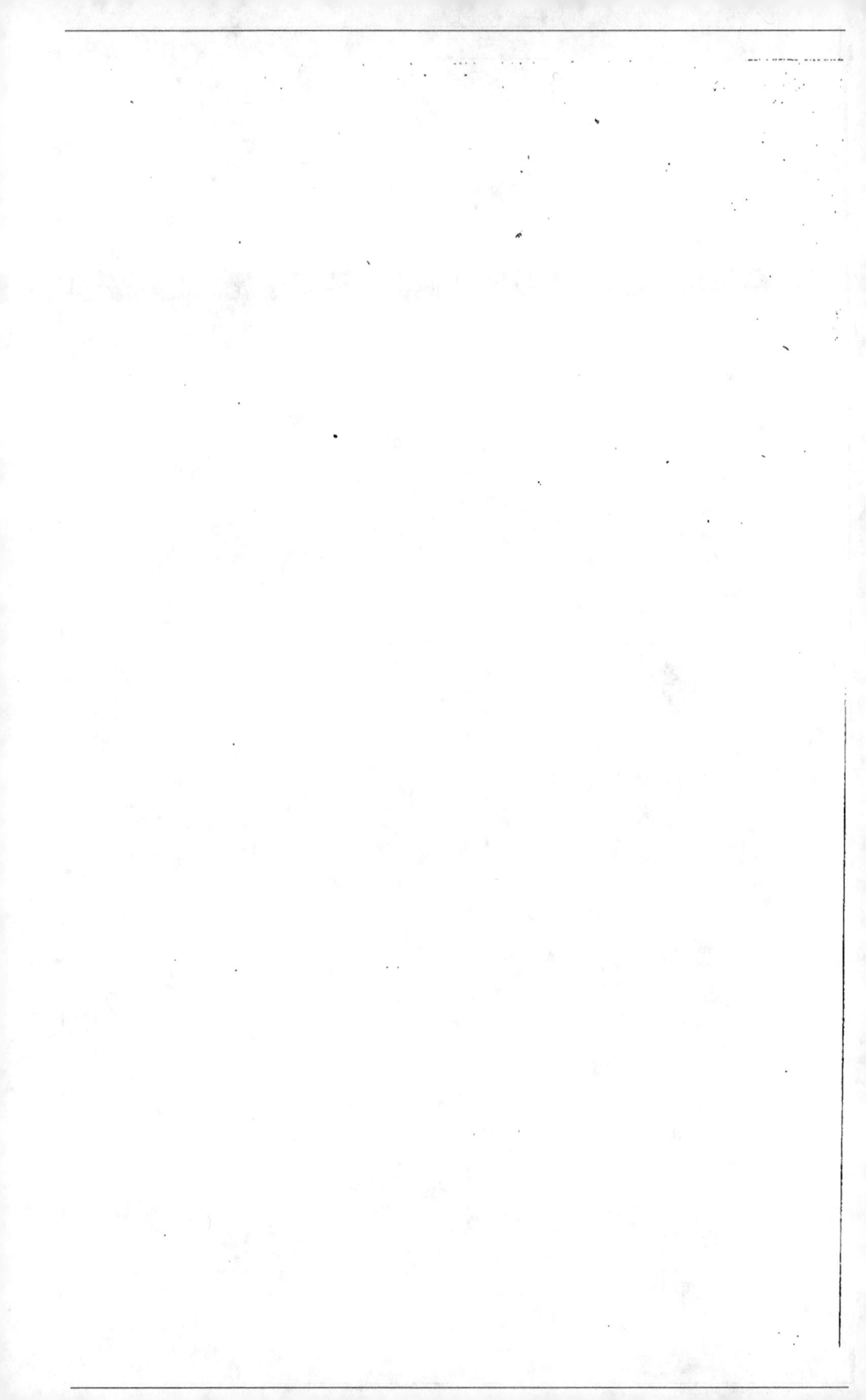

LA

PROPRIÉTÉ LITTÉRAIRE

AU XVIIIᵉ SIÈCLE

PARIS. — IMPRIMERIE DE CH. LAHURE ET Cie

Rues de Fleurus, 9, et de l'Ouest, 21

LA PROPRIÉTÉ LITTÉRAIRE
AU XVIIIᵉ SIÈCLE

LETTRE

SUR

LE COMMERCE DE LA LIBRAIRIE

PAR DIDEROT

PUBLIÉE POUR LA PREMIÈRE FOIS

par le comité de l'association pour la défense de la propriété littéraire
et artistique

AVEC UNE INTRODUCTION

PAR M. G. GUIFFREY

Avocat à la Cour impériale de Paris

PARIS

LIBRAIRIE DE L. HACHETTE ET Cⁱᵉ

RUE PIERRE-SARRAZIN, Nº 14

1861

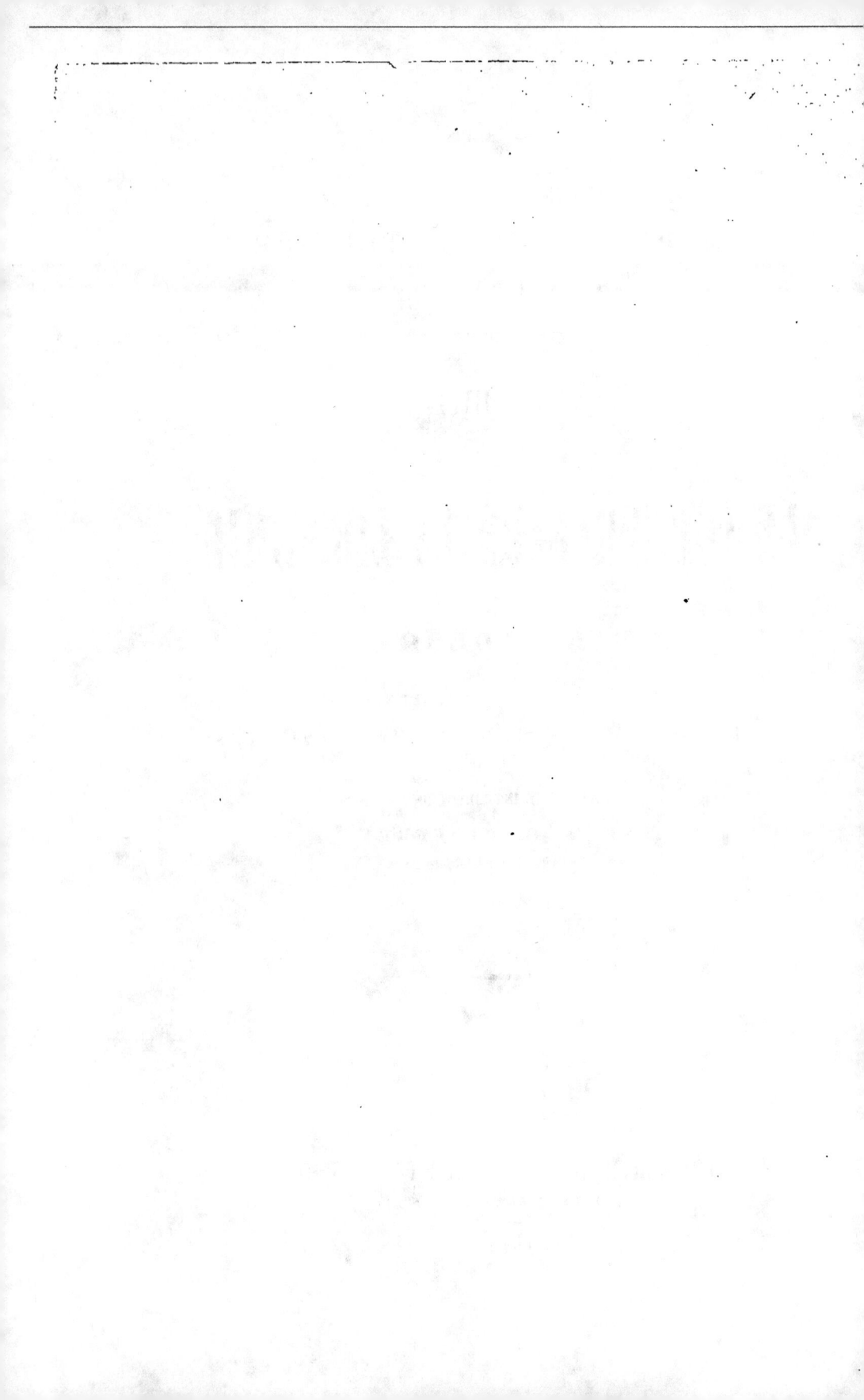

INTRODUCTION.

Nous connaissions déjà l'existence de ce mémoire de Diderot, en faveur des droits intellectuels, au moment où paraissait notre volume de *La Propriété littéraire au dix-huitième siècle*. Nous eussions désiré vivement alors le joindre aux pièces réunies dans ce recueil, car ce document n'eût été inférieur aux autres ni en intérêt ni en autorité. En lisant les indications que donnait à ce sujet M. Renouard dans son savant *Traité des droits d'auteurs* (t. Ier, p. 99 et 162), en voyant qu'il avait eu ce manuscrit entre les mains, qu'il l'avait consulté à la bibliothèque du roi, en parcourant les quelques passages qu'il en a cités, nous avions pensé qu'il nous suffirait d'aller à la bibliothèque impériale pour trouver ce précieux manuscrit, pour publier ces pages inédites de Diderot, et donner son opinion dans cette question si vivement débattue. Mais quelle fut notre contrariété lorsqu'on nous déclara à la bibliothèque que ce manuscrit était introuvable ! Et en cette circonstance, ce ne fut certes point la complaisance des conservateurs qui nous fit défaut ; nous la mîmes largement à contribution. M. Renouard lui-même voulut bien nous donner le signalement du manuscrit. Mais malgré tout, nos recherches restèrent infructueuses, et il fallut nous résigner. Cependant, même alors, nous n'avions point perdu tout espoir ; nous savions qu'à la bibliothèque impériale, si l'on ne trouve pas toujours ce que l'on cherche, on trouve quelquefois ce qu'on ne cherche plus. Le manuscrit s'est enfin rencontré au département des imprimés. Comment est-il arrivé jusque-là ? c'est ce qu'on n'a jamais pu savoir ; mais que le manuscrit reste aux imprimés ou qu'il retourne aux manuscrits, peu importe ; l'essentiel pour nous, c'est qu'il est entre nos mains et que nous pouvons enfin le livrer au public.

Nous croyons assez volontiers, avec M. Renouard, que ce manuscrit est inédit ; il ne figure point dans les œuvres complètes de Diderot, et nous ne pensons même point qu'il ait été imprimé à part. Pour les événements qui précèdent et suivent ce plaidoyer en faveur des droits intellectuels, nous renverrons aux éclaircissements déjà donnés dans le volume de *La Propriété littéraire au dix-huitième siècle* (p. 41 et 121). Par sa date (1767), il se place trois ans après le mémoire présenté au garde des sceaux par les syndic et adjoints de la librairie, et il précède de dix ans les fameux arrêts du conseil de 1777, qui furent la ruine du principe de la propriété littéraire, jusqu'alors reconnu et pratiqué.

En lisant le travail de Diderot on doit se souvenir que c'est un mémoire fait à la demande des libraires de Paris, pour défendre leurs droits menacés. Le droit des libraires s'y trouve donc placé au premier rang, celui des auteurs n'apparaît que subsidiairement. Il ne pouvait en être autrement pour Diderot, dans la situation qu'il avait acceptée. Les libraires sont ici ses clients, il est leur avocat, c'est leur cause qu'il plaide, c'est leur intérêt qu'il doit mettre en relief. Mais ce qu'il faut avant tout chercher ici, c'est la reconnaissance des droits de l'intelligence tels qu'ils résident dans la personne des auteurs, tels qu'ils peuvent se concevoir en eux dans leur essence la plus pure et la plus absolue.

Que Diderot, sur la demande des libraires, ait bien voulu faire un mémoire où il établit comme entiers et inviolables les droits qu'ils tiennent des auteurs; rien de plus facile que d'établir cette conséquence, pourvu qu'on remonte au principe, c'est-à-dire au droit qui préexiste dans l'auteur, qui prend sa source dans son intelligence et dans son travail. Mais surtout qu'on n'oublie point que sans le droit de l'auteur, le droit du libraire n'existe pas.

Diderot avait dans son mémoire à s'élever aussi

contre beaucoup d'abus qui régnaient alors et dont le temps a fait justice; ces abus sont désormais de l'histoire ancienne, et l'on n'a plus besoin de s'en occuper de nos jours qu'à titre de renseignements sur le passé. Toutefois, dans ces abus disparus, nous voyons pour notre part un grand motif d'encouragement. Si le temps a pu avoir raison de tant de préjugés, si, sur tant de points, une notion plus claire du droit a pu l'emporter enfin, n'y a-t-il pas lieu d'espérer grandement que nous verrons arriver aussi le jour du triomphe pour la cause que nous défendons, et que la propriété littéraire finira par être traitée comme toute autre propriété ?

La spoliation qu'on exerce à l'égard des écrivains est des plus iniques. L'auteur a des besoins tout comme un autre; tout comme un autre, il serait fier d'avoir une propriété qui serait l'honorable et juste récompense de son travail. Qu'on lui assure la récompense qui lui est due, qu'il puisse par son travail, par son intelligence, se créer un bien aussi durable, aussi solide que la maison ou que le champ légués par d'autres à leurs enfants; et alors on n'aura pas fait seulement une bonne action, mais, en étant juste, on aura consacré un acte de haute politique et d'intelligente administration.

LETTRE

HISTORIQUE ET POLITIQUE

ADRESSÉE A UN MAGISTRAT

SUR LE COMMERCE DE LA LIBRAIRIE

SON ÉTAT ANCIEN ET ACTUEL,
SES RÈGLEMENTS, SES PRIVILÉGES, LES PERMISSIONS TACITES, LES CENSEURS,
LES COLPORTEURS, LE PASSAGE DES PONTS
ET AUTRES OBJETS RELATIFS A LA POLICE LITTÉRAIRE.

(Juin 1767)

(Juin 1767.)

M. de Sartine ayant demandé à M. Diderot un Mémoire sur la librairie, ce dernier lui donna celui-ci, qu'il n'a sûrement composé que d'après le consei. des libraires et des matériaux que M. Le Breton, ex-syndic de la librairie, lui a fournis, et dont les principes sont absolument contraires à la bonne administration des priviléges et des grâces dont ils doivent faire partie.

LETTRE

ADRESSÉE A UN MAGISTRAT

SUR LE COMMERCE DE LA LIBRAIRIE.

———

Vous désirez, monsieur, de connaître mes idées sur une affaire qui vous paraît être importante et qui l'est. Je suis trop flatté de cette confiance pour ne pas y répondre avec la promptitude que vous exigez, et l'impartialité que vous êtes en droit d'attendre d'un homme de mon caractère. Vous me croyez instruit, et j'ai en effet les connaissances que donne une expérience journalière, sans compter la persuasion scrupuleuse où je suis que la bonne foi ne suffit pas toujours pour excuser des erreurs. Je pense sincèrement que dans les discussions qui tiennent au bien général il serait plus à propos de se taire que de s'exposer avec les intentions les meilleures à remplir l'esprit d'un magistrat d'idées fausses et pernicieuses.

Je vous dirai donc d'abord, qu'il ne s'agit pas simplement ici des intérêts d'une communauté. Eh! que m'importe qu'il y ait une communauté de plus ou de moins, à moi, qui suis un des plus zélés partisans de la liberté, prise sous l'acception la plus étendue, qui souffre avec chagrin de voir le dernier des talents gêné dans son industrie, des bras donnés par la nature et liés par des conventions, qui ai de tout temps été convaincu que les corporations étaient injustes et funestes, et qui en regarderais l'abolissement entier et absolu comme un pas vers un gouvernement plus sage ?

Ce dont il s'agit, c'est d'examiner dans l'état où sont les choses, et même dans toute autre supposition, quels doivent être les fruits des atteintes que l'on a données et qu'on pourrait encore donner à notre librairie, s'il faut souffrir plus longtemps les entreprises que des étrangers font sur son commerce, quelle liaison il y a entre ce commerce et la littérature, s'il est possible d'empirer l'un sans nuire à l'autre et d'appauvrir le libraire sans ruiner l'auteur, ce que c'est que les priviléges de livres, si ces priviléges doivent être compris sous la dénomination générale et odieuse des autres *exclusifs*, s'il y a quelque fondement légitime à en limiter la durée et en refuser le renouvellement, quelle est la nature des fonds de la librairie, quels sont les titres de la possession d'un ouvrage que le libraire acquiert par la cession d'un littérateur, s'ils ne sont que momentanés ou s'ils sont éternels; l'examen de ces différents points me conduira aux éclaircissements que vous me demandez sur d'autres.

Mais avant tout, songez, monsieur, que sans parler de la légèreté indécente dans un homme public à dire, en quelque circonstance que ce soit, que si l'on vient à reconnaître qu'on a pris un mauvais parti, il n'y aura qu'à revenir sur ses pas et défaire ce qu'on aura fait, manière indigne et stupide de se jouer de l'état et de la fortune des citoyens, songez, dis-je, qu'il est plus fâcheux de tomber dans la pauvreté que d'être né dans la misère, que la condition d'un peuple abruti est pire que celle d'un peuple brute, qu'une branche de commerce égarée est une branche de commerce perdue, et qu'on fait en dix ans plus de mal qu'on n'en peut

réparer en un siècle. Songez que plus les effets d'une mauvaise police sont durables, plus il est essentiel d'être cir-
conspect, soit qu'il faille établir, soit qu'il faille abroger, et
dans ce dernier cas, je vous demanderai s'il n'y aurait pas
une vanité bien étrange, si l'on ne ferait pas une injustice
bien gratùite à ceux qui vous ont précédé dans le ministère,
que de les traiter d'imbéciles sans s'être donné la peine de
remonter à l'origine de leurs institutions, sans examiner les
causes qui les ont suggérées et sans avoir suivi les révolutions
favorables ou contraires qu'elles ont éprouvées. Il me semble
que c'est dans l'historique des lois et de tout autre règlement
qu'il faut chercher les vrais motifs de suivre ou de quitter
la ligne tracée; c'est aussi par là que je commencerai. Il fau-
dra prendre les choses de loin ; mais, si je ne vous apprends
rien, vous reconnaîtrez du moins que j'avais les notions
préliminaires que vous me supposiez ; ayez donc, monsieur,
la complaisance de me suivre.

Les premiers imprimeurs qui s'établirent en France tra-
vaillèrent sans concurrence, et ne tardèrent pas à faire une
fortune honnête; cependant, ce ne fut ni sur Homère, ni sur
Virgile, ni sur quelque auteur de cette volée, que l'imprimerie naissante s'essaya. On commença par de petits ouvrages
de peu de valeur, de peu d'étendue et du goût d'un siècle
barbare. Il est à présumer que ceux qui approchèrent nos
anciens typographes, jaloux de consacrer les prémices de
l'art à la science qu'ils professaient et qu'ils devaient regarder
comme la seule essentielle, eurent quelque influence sur leur
choix. Je trouverais tout simple qu'un capucin eût conseillé
à Gutenberg de débuter par la règle de saint François ; mais
indépendamment de la nature et du mérite réel d'un ouvrage,
la nouveauté de l'invention, la beauté de l'exécution, la
différence de prix d'un livre imprimé et d'un manuscrit,
tout favorisait le prompt débit du premier.

Après ces essais de l'art le plus important qu'on pût imaginer pour la propagation et la durée des connaissances hu-

maines, essais que cet art n'offrit au public que comme des
gages de ce qu'on pouvait attendre un jour, qu'on ne dut
pas rechercher longtemps, parce qu'ils étaient destinés à
tomber dans le mépris à mesure qu'on s'éclairerait, et qui ne
sont aujourd'hui précieusement recueillis que par la curiosité bizarre de quelques personnages singuliers qui préfè-
rent un livre rare à un bon livre, un bibliomane comme
moi, un érudit qui s'occupe de l'histoire de la typographie,
comme le professeur Chapfliny, ont entrepris des ouvrages
d'une utilité générale et d'un usage journalier.

Mais ces ouvrages sont en petit nombre; occupant presque
toutes les presses de l'Europe à la fois, ils devinrent bientôt
communs, et le débit n'en était plus fondé sur l'enthousiasme
d'un art nouveau et justement admiré. Alors peu de personnes lisaient; un traitant n'avait pas la fureur d'avoir
une bibliothèque et n'enlevait pas à prix d'or et d'argent à
un pauvre littérateur un livre utile à celui-ci. Que fit l'imprimeur? Enrichi par les premières tentatives et encouragé
par quelques hommes éclairés, il appliqua ses travaux à des
ouvrages estimés, mais d'un usage moins étendu. On goûta
quelques-uns de ses ouvrages et ils furent enlevés avec une
rapidité proportionnée à une infinité de circonstances diverses; d'autres furent négligés, et il y en eut dont l'édition
se fit en pure perte pour l'imprimeur. Mais le débit de ceux
qui réussirent et la vente courante des livres nécessaires et
journaliers compensèrent sa perte par des rentrées conti-
nuelles, et ce fut la ressource toujours présente de ces rentrées qui inspira l'idée de se faire un fonds.

Un fonds de librairie est donc la possession d'un nombre
plus ou moins considérable de livres propres à différents
états de la société, et assorti de manière que la vente sûre
mais lente des uns, compensée avec avantage par la vente
aussi sûre mais plus rapide des autres, favorise l'accroissement de la première possession,

Lorsqu'un fonds ne remplit pas toutes ces conditions, il

est ruineux. A peine la nécessité des fonds fut-elle connue que les entreprises se multiplièrent à l'infini, et bientôt les savants, qui ont été pauvres dans tous les temps, purent se procurer à un prix modique les ouvrages principaux en chaque genre.

Tout est bien jusqu'ici et rien n'annonce le besoin d'un règlement ni de quoi que ce soit qui ressemble à un code de librairie.

Mais pour bien saisir ce qui suit, soyez persuadé, monsieur, que ces livres savants et d'un certain ordre n'ont eu, n'ont et n'auront jamais qu'un petit nombre d'acheteurs, et que sans le faste de notre siècle, qui s'est malheureusement répandu sur toutes sortes d'objets, trois ou quatre éditions même des œuvres de Corneille et de Voltaire suffiraient pour la France entière : combien en faudrait-il moins de Bayle, de Moréri, de Pline, de Newton et d'une infinité d'autres ouvrages! Avant ces jours d'une somptuosité qui s'épuise sur les choses d'apparat aux dépens des choses utiles, la plupart des livres étaient dans le cas de ces derniers, et c'était la rentrée continue des ouvrages communs et journaliers, jointe au débit d'un petit nombre d'exemplaires de quelques auteurs propres à certains états, qui soutenait le zèle des commerçants. Supposez les choses aujourd'hui où elles étaient alors; supposez cette espèce d'harmonie subsistante de compensation d'effets difficiles et d'effets courants, et brûlez le code de la librairie, il est inutile.

Mais l'industrie d'un particulier n'a pas plus tôt ouvert une route nouvelle que la foule s'y précipite. Bientôt les imprimeries se multiplièrent, et ces livres de première nécessité et d'une utilité générale, ces effets dont le débit continuel et les rentrées journalières fomentaient l'émulation du libraire devinrent communs et d'une si pauvre ressource qu'il fallut plus de temps pour en débiter un petit nombre que pour consommer l'édition entière d'un autre ouvrage. Le profit des effets courants devint presque nul, et le commerçant ne retrouva pas sur les effets sûrs ce qu'il perdait sur les premiers, parce qu'il n'y avait aucune circonstance qui pût en changer la nature et en étendre l'usage. Le hasard des entreprises particulières ne fut plus balancé par la certitude des autres, et une ruine presque évidente conduisait insensiblement le libraire à la pusillanimité et à l'engourdissement, lorsqu'on vit paraître quelques-uns de ces hommes rares dont il sera fait mention à jamais dans l'histoire de l'imprimerie et des lettres, qui, animés de la passion de l'art et pleins de la noble et téméraire confiance que leur inspiraient des talents supérieurs, imprimeurs de profession, mais gens d'une littérature profonde, capables de faire face à la fois à toutes les difficultés, formèrent les projets les plus hardis et en seraient sortis avec honneur et profit sans un inconvénient que vous soupçonnez sans doute, et qui nous avance d'un pas vers la triste nécessité de recourir à l'autorité dans une affaire de commerce.

Dans l'intervalle, les disputes des fanatiques qui font éclore une infinité d'ouvrages éphémères mais d'un débit rapide, remplacèrent pour un moment les anciennes rentrées qui s'étaient éteintes. Le goût qui renaît quelquefois chez un peuple pour un certain genre de connaissances, mais qui ne renaît jamais qu'au déclin d'un autre goût qui cesse, — comme nous avons vu de nos jours la fureur de l'histoire naturelle succéder à celle des mathématiques, sans que nous sachions quelle est la science qui étouffera le goût régnant, — cette effervescence subite tira peut-être des magasins quelques productions qui y pourrissaient; mais elle en condamna presque un égal nombre d'autres à y pourrir à leur tour; et puis les disputes religieuses s'apaisent, on se refroidit bientôt sur les ouvrages polémiques, on en sent le vide, on rougit de l'importance qu'on y mettait. Le temps qui produit les artistes singuliers et hardis est court; et ceux dont je vous parlais ne tardèrent pas à connaître le péril des grandes entreprises, lorsqu'ils virent des hommes avides et médiocres tromper tout à coup l'espoir de leur industrie et leur enlever le fruit de leurs travaux.

En effet, les Estienne, les Morel et autres habiles imprimeurs, n'avaient pas plus tôt publié un ouvrage dont ils avaient préparé à grands frais une édition et dont l'exécution et le bon choix leur assuraient le succès, que le même ouvrage était réimprimé par des incapables qui n'avaient aucun de leurs talents, qui, n'ayant fait aucune dépense, pouvaient vendre à plus bas prix, et qui jouissaient de leurs avances et de leurs veilles sans avoir couru aucun de leurs hasards. Qu'en arriva-t-il ? Ce qui devait en arriver et ce qui en arrivera dans tous les temps.

La concurrence rendit la plus belle entreprise ruineuse ; il fallait vingt années pour débiter une édition, tandis que la moitié du temps aurait suffi pour en épuiser deux. Si la contrefaçon était inférieure à l'édition originale, comme c'était le cas ordinaire, le contrefacteur mettait son livre à bas prix ; l'indigence de l'homme de lettres préférait l'édition moins chère à la meilleure. Le contrefacteur n'en devenait guère plus riche, et l'homme entreprenant et habile, écrasé par l'homme inepte et rapace qui le privait inopinément d'un gain proportionné à ses soins, à ses dépenses, à sa main-d'œuvre et aux risques de son commerce, perdait son enthousiasme et restait sans courage.

Il ne s'agit pas, monsieur, de se perdre dans des spéculations à perte de vue et d'opposer des raisonnements vagues à des plaintes et à des faits qui sont devenus le motif d'un code particulier. Voilà l'histoire des premiers temps de l'art typographique et du commerce de librairie, image fidèle des nôtres et causes premières d'un règlement dont vous avez déjà prévu l'origine. Dites-moi, monsieur, fallait-il fermer l'oreille aux plaintes des vexés, les abandonner à leur découragement, laisser subsister l'inconvénient et attendre le remède du temps qui débrouille quelquefois de lui-même des choses que la prudence humaine achève de gâter ? Si

cela est, négligeons l'étude du passé, attendons paisiblement
la fin d'un désordre de sa propre durée, et abandonnons-nous
à la discrétion du temps à venir, qui termine tout, à la
vérité, mais qui termine tout bien ou mal, et, selon toute apparence, plus souvent mal que bien, puisque les hommes,
malgré leur paresse naturelle, ne s'en sont pas encore tenus
à cette politique si facile et si commode qui rend superflus
les hommes de génie et les grands ministres.

Il est certain que le public paraissait profiter de la concurrence, qu'un littérateur avait pour peu de chose un livre mal
conditionné, et que l'imprimeur habile, après avoir lutté
quelque temps contre la longueur des rentrées et le malaise
qui en était la suite, se déterminait communément à abaisser
le prix du sien. Il serait trop ridicule aussi de supposer que
le magistrat préposé à cette branche de commerce ne connût
pas cet avantage et qu'il l'eût négligé, s'il eût été aussi réel
qu'il le paraît au premier coup d'œil; mais ne vous trompez pas, monsieur, il n'était que momentané et il tour-
nait au détriment de la profession découragée et au préjudice des littérateurs et des lettres. L'imprimeur habile sans
récompense, le contrefacteur injuste sans fortune, se trouvèrent également dans l'impossibilité de se porter à aucune
grande entreprise, et il vint un moment où parmi un assez
grand nombre de commerçants, on en aurait vainement
cherché deux qui osassent se charger d'un in-folio. C'est la
même chose à présent; la communauté des libraires et imprimeurs de Paris est composée de trois cent soixante commerçants; je mets en fait qu'on n'en trouverait pas plus
d'entreprenants. J'en appelle aux bénédictins, aux théologiens,
aux gens de loi, aux antiquaires, à tous ceux qui travaillent
à de longs ouvrages et à de volumineuses collections, et si
nous voyons aujourd'hui tant d'ineptes rédacteurs de grands
livres et de petits, tant de feuillistes, tant d'abréviateurs, tant
d'esprits médiocres occupés, tant d'habiles gens oisifs, c'est
autant l'effet de l'indigence du libraire privé par les contre-

façons et par une multitude d'autres abus de ses rentrées
journalières, et réduit à l'impossibilité d'entreprendre un ouvrage important et d'une vente longue et difficile, que de la
paresse et de l'esprit superficiel du siècle.

Ce n'est pas un commerçant qui vous parle, c'est un littérateur que ses confrères ont quelquefois consulté sur l'em-
ploi de leur temps et de leurs talents. Si je leur proposais
quelque grande entreprise, ils ne me répondraient pas : « Qui
est-ce qui me lira ? qui m'achètera ? » mais : « Quand mon livre
sera fait, où est le libraire qui s'en chargera ? » La plupart de
ces gens-là n'ont pas le sou, et ce qu'il leur faut à présent,
c'est une méchante brochure qui leur donne bien vite de
l'argent et du pain. En effet, je pourrais vous citer vingt
grands et bons ouvrages dont les auteurs sont morts avant
que d'avoir pu trouver un commerçant qui s'en chargeât,
même à vil prix.

Je vous disais tout à l'heure que l'imprimeur habile se déterminait communément à baisser son livre de prix ; mais il
s'en trouva d'opiniâtres qui prirent le parti contraire, au
hasard de périr de misère. Il est sûr qu'ils faisaient la fortune du contrefacteur à qui ils envoyaient le grand nombre
des acheteurs ; mais qu'en arrivait-il à ceux-ci ? C'est qu'ils
ne tardaient guère à se dégoûter d'une édition méprisable,
qu'ils finissaient par se pourvoir deux fois du même livre,
que le savant qu'on se proposait de favoriser était vraiment
lésé et que les héritiers de l'imprimeur habile recueillaient
quelquefois après la mort de leur aïeul une petite portion du
fruit de ses travaux.

Je vous prie, monsieur, si vous connaissez quelque littérateur d'un certain âge, de lui demander combien de fois il a
renouvelé sa bibliothèque et pour quelle raison. On cède à
sa curiosité et à son indigence dans le premier moment, mais
c'est toujours le bon goût qui prédomine et qui chasse du
rayon la mauvaise édition pour faire place à la bonne. Quoi
qu'il en soit, tous les imprimeurs célèbres dont nous recher-

chons à présent les éditions, qui nous étonnent par leurs travaux et dont la mémoire nous est chère, sont morts pauvres, et ils étaient sur le point d'abandonner leurs caractères et leurs presses, lorsque la justice du magistrat et la libéralité du souverain vinrent à leur secours.

Placés entre le goût qu'ils avaient pour la science et pour leur art, et la crainte d'être ruinés par d'avides concurrents, que firent ces habiles et malheureux imprimeurs? Parmi les manuscrits qui restaient, ils en choisirent quelques-uns dont l'impression pût réussir; ils en préparèrent l'édition en silence; ils l'exécutèrent et, pour parer autant qu'ils pouvaient à la contrefaçon qui avait commencé leur ruine et qui l'aurait consommée, lorsqu'ils furent sur le point de la publier, ils sollicitèrent auprès du monarque et en obtinrent un privilège *exclusif* pour leur entreprise. Voilà, monsieur, la première ligne du code de la librairie et son premier règlement.

Avant que d'aller plus loin, monsieur, ne puis-je pas vous demander ce que vous improuvez dans la précaution du commerçant ou dans la faveur du souverain? Cet exclusif, me répondrez-vous, était contre le droit commun, j'en conviens. Le manuscrit pour lequel il était accordé n'était pas le seul qui existât, et un autre typographe en possédait ou pouvait s'en procurer un semblable. — Cela est vrai, mais à quelques égards seulement, car l'édition d'un ouvrage, surtout dans ces premiers temps, ne supposait pas seulement la possession d'un manuscrit, mais la collection d'un grand nombre, collection longue, pénible, dispendieuse; cependant je ne vous arrêterai point, je ne veux pas être difficultueux. — Or, ajoutez-vous, il devait paraître dur de concéder à l'un ce qu'on refusait à un autre. Cela le parut aussi, quoique ce fût le cas ou jamais de plaider la cause du premier occupant et d'une possession légitime, puisqu'elle était fondée sur des risques, des soins et des avances. Cependant pour que la dérogation au droit commun ne fût pas excessive, on jugea à propos de limiter le temps de l'exclusif. Vous voyez que le ministère, procédant avec quelque connaissance de cause, répondait en partie à vos vues ; mais ce que vous ne voyez peut-être pas et ce qu'il n'aperçut pas d'abord, c'est que loin de protéger l'entrepreneur, il lui tendait un piége. Oui, monsieur, un piége, et vous allez en juger.

Il n'en est pas d'un ouvrage comme d'une machine dont l'essai constate l'effet, d'une invention qu'on peut vérifier en cent manières, d'un secret dont le succès est éprouvé. Celui même d'un livre excellent, dépend, au moment de l'édition, d'une infinité de circonstances raisonnables ou bizarres que toute la sagacité de l'intérêt ne saurait prévoir.

Je suppose que l'*Esprit des lois* fût la première production d'un esprit inconnu et relégué par la misère à un quatrième étage, malgré toute l'excellence de cet ouvrage, je doute qu'on en eût fait trois éditions, et il y en a peut-être vingt. Les dix-neuf vingtièmes de ceux qui l'ont acheté sur le nom, la réputation, l'état et les talents de l'auteur, et qui le citent sans cesse sans l'avoir lu et sans l'avoir entendu, le connaîtraient à peine de nom ; et combien d'auteurs qui n'ont obtenu la célébrité qu'ils méritaient, que longtemps après leur mort ? C'est le sort de presque tous les hommes de génie ; ils ne sont pas à la portée de leur siècle ; ils écrivent pour la génération suivante. Quand est-ce qu'on va chercher leurs productions chez le libraire ? C'est quelque trentaine d'années après qu'elles sont sorties de son magasin pour aller chez le cartonnier. En mathématiques, en chimie, en histoire naturelle, en jurisprudence, en un très-grand nombre de genres particuliers, il arrive tous les jours que le privilége est expiré, que l'édition n'est pas à moitié consommée. Or, vous concevez que ce qui est à présent, a dû être autrefois, et sera toujours. Quand on eut publié la première édition d'un ancien manuscrit, il arriva souvent à la publication d'une seconde que le restant de la précédente tombait en pure perte pour le privilégié.

Il ne faut pas s'imaginer que les choses se fassent sans

cause, qu'il n'y ait d'hommes sages qu'au temps où l'on vit et que l'intérêt public ait été moins connu ou moins cher à nos prédécesseurs qu'à nous. Séduits par des idées systématiques, nous attaquons leur conduite, et nous sommes d'autant moins disposés à reconnaître leur prudence que l'inconvénient auquel ils ont remédié par leur police ne nous frappe plus.

De nouvelles représentations de l'imprimerie sur les limites trop étroites de son privilége furent portées au magistrat, et donnèrent lieu à un nouveau règlement, ou à une modification nouvelle du premier. N'oubliez pas, monsieur, qu'il est toujours question de manuscrits de droit commun. On pesa les raisons du commerçant et l'on conclut à lui accorder un second privilége à l'expiration du premier. Je vous laisse à juger si l'on empirait les choses au lieu de les améliorer, mais il faut que ce soit l'un ou l'autre. C'est ainsi qu'on s'avançait peu à peu à la perpétuité et à l'immutabilité du privilége ; et il est évident que, par ce second pas, on se proposait de pourvoir à l'intérêt légitime de l'imprimeur, à l'encourager, à lui assurer un sort, à lui et à ses enfants, à l'attacher à son état, et à le porter aux entreprises hasardeuses, en en perpétuant le fruit dans sa maison et dans sa famille : et je vous demanderai si ces vues étaient saines, ou si elles ne l'étaient pas.

Blâmer une institution humaine parce qu'elle n'est pas d'une bonté générale et absolue, c'est exiger qu'elle soit divine ; vouloir être plus habile que la Providence, qui se contente de balancer les biens par les maux, plus sage dans nos conventions que la nature dans ses lois, et troubler l'ordre du tout par le cri d'un atome qui se croit choqué rudement.

Cependant cette seconde faveur s'accorda rarement ; il y eut une infinité de réclamations aveugles ou éclairées, comme il vous plaira de les appeler pour ce moment. La grande partie des imprimeurs qui, dans ce corps, ainsi que dans les

autres, est plus ardente à envahir les ressources de l'homme
inventif et entreprenant qu'habile à en imaginer, privée de
l'espoir de se jeter sur la dépouille de ses confrères, poussa
les hauts cris ; on ne manqua pas, comme vous pensez bien,
de mettre en avant la liberté du commerce blessée et le despotisme de quelques particuliers prêt à s'exercer sur le public et sur les savants ; on présenta à l'Université et aux Parlements l'épouvantail d'un monopole littéraire, comme si un
libraire français pouvait tenir un ouvrage à un prix excessif
sans que l'étranger attentif passât les jours et les nuits à
le contrefaire et sans que l'avidité de ses confrères recou-
rût aux mêmes moyens, et cela, comme on n'en a que trop
d'exemples, au mépris de toutes les lois afflictives, comme
si un commerçant ignorait que son véritable intérêt consiste
dans la célérité du débit et le nombre des éditions, et comme
s'il ne sentait pas mieux que personne ses hasards et ses avantages. Ne dirait-on pas, s'il fallait en venir à cette extrémité,
que celui qui renouvelle le privilége ne soit pas le maître de
fixer le prix de la chose ? Mais il est d'expérience que les ouvrages les plus réimprimés sont les meilleurs, les plus achetés vendus au plus bas prix, et les instruments les plus certains de la fortune du libraire.

Cependant ces cris de la populace du corps, fortifiés de
ceux de l'Université, furent entendus des Parlements qui crurent apercevoir dans la loi nouvelle la protection injuste d'un
petit nombre de particuliers aux dépens des autres, et voilà
arrêts sur arrêts contre la prorogation des priviléges ; mais
permettez, monsieur, que je vous rappelle encore une fois à
l'acquit des Parlements, que ces premiers priviléges n'avaient
pour objet que les anciens ouvrages et les premiers manuscrits, c'est-à-dire des effets qui, n'appartenant pas proprement
à un acquéreur, étaient de droit commun. Sans cette attention, vous confondrez des objets fort différents. Un privilége
des temps dont je vous parle ne ressemble pas plus à un privilége d'aujourd'hui qu'une faveur momentanée, une grâce

libre et amovible à une possession personnelle, une acquisition fixe, constante et inaliénable sans le consentement exprès du propriétaire. C'est une distinction à laquelle vous pouvez compter que la suite donnera toute la solidité que vous exigez.

Au milieu du tumulte des guerres civiles qui désolèrent le royaume sous les règnes des fils d'Henri second, l'imprimerie, la librairie et les lettres, privées de la protection et de la bienfaisance des souverains, demeurèrent sans appui, sans ressources et presque anéanties; car qui est-ce qui a l'âme assez libre pour écrire, pour lire entre des épées nues? Kerver, qui jouissait dès 1563 du privilége exclusif pour les *Usages romains*, réformés selon le concile de Trente, et qui en avait obtenu deux continuations de six années chacune, fut presque le seul en état d'entreprendre un ouvrage important.

A la mort de Kerver, qui arriva en 1563, une compagnie de cinq libraires qui s'accrut ensuite de quelques associés, soutenue de ce seul privilége, qui lui fut continué à diverses reprises dans le cours d'un siècle, publia bon nombre d'excellents livres. C'est à ces commerçants réunis ou séparés que nous devons les ouvrages connus sous le titre de *la Navire*, ces éditions grecques qui honorent l'imprimerie française, dont on admire l'exécution, et parmi lesquelles, malgré les progrès de la critique et de la typographie, il en reste plusieurs qu'on recherche et qui sont de prix. Voilà des faits sur lesquels je ne m'étendrai point et que j'abandonne à vos réflexions.

Cependant ce privilége des *Usages* fut vivement revendiqué par le reste de la communauté, et il y eut différents arrêts qui réitérèrent la proscription de ces sortes de prorogations de priviléges. Plus je médite la conduite des tribunaux dans cette contestation, moins je me persuade qu'ils entendissent bien nettement l'état de la question. Il s'agissait de savoir si en mettant un *effet* en commun on jetterait le corps entier de la librairie dans un état indigent, ou si en en laissant la jouissance exclusive aux premiers possesseurs on réserverait quelques ressources aux grandes entreprises; cela me semble évident. En prononçant contre les prorogations, le Parlement fut du premier avis ; en les autorisant, le Conseil fut du second, et les associés continuèrent à jouir de leur privilége. Il y a plus ; je vous prie, monsieur, de me suivre.

Le chancelier Séguier, homme de lettres et homme d'État, frappé de la condition misérable de la librairie, et convaincu que si la compagnie des *Usages* avait tenté quelques entreprises considérables, c'était au bénéfice de son privilége qu'on le devait, loin de donner atteinte à cette ressource, imagina de l'étendre à un plus grand nombre d'ouvrages dont la possession sûre et continue pût accroître le courage avec l'aisance du commerçant, et voici le moment où la police de la librairie va faire un nouveau pas, et que ses priviléges changent tout à fait de nature. Heureux si le titre odieux de privilége avait aussi disparu !

Ce n'était plus alors sur des manuscrits anciens et de droit commun que les éditions se faisaient ; ils étaient presque épuisés, et l'on avait déjà publié des ouvrages d'auteurs contemporains qu'on avait crus dignes de passer aux nations éloignées et aux temps à venir, et qui promettaient au libraire plusieurs éditions. Le commerçant en avait traité avec le littérateur ; en conséquence, il en avait sollicité en chancellerie les priviléges, et à l'expiration de ces priviléges leur prorogation ou renouvellement.

L'accord entre le libraire et l'auteur contemporain se faisait alors comme aujourd'hui : l'auteur appelait le libraire et lui proposait son ouvrage; ils convenaient ensemble du prix, de la forme et des autres conditions. Ces conditions et ce prix étaient stipulés dans un acte sous seing privé par lequel l'auteur, à perpétuité, cédait et sans retour son ouvrage au libraire et à ses ayants cause.

Mais, comme il importait à la religion, aux mœurs et au

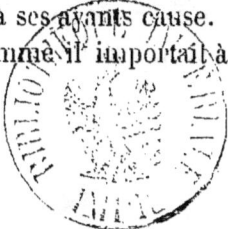

2

gouvernement qu'on ne publiât rien qui pût blesser ces objets
respectables, le manuscrit était présenté au Chancelier ou à
son substitut, qui nommait un censeur de l'ouvrage, sur l'at-
testation duquel l'impression en était permise ou refusée.
Vous imaginez sans doute que ce censeur devait être quelque personnage grave, savant, expérimenté, un homme dont
la sagesse et les lumières répondissent à l'importance de sa
fonction. Quoi qu'il en soit, si l'impression du manuscrit
était permise, on délivrait au libraire un titre qui retînt
toujours le nom de privilége, qui l'autorisait à publier l'ouvrage qu'il avait acquis et qui lui garantissait, sous des peines
spécifiées contre le perturbateur, la jouissance tranquille
d'un bien dont l'acte sous seing privé, signé de l'auteur et de
lui, lui transmettait la possession perpétuelle.

L'édition publiée, il était enjoint au libraire de représenter
son manuscrit, qui seul pouvait constater l'exacte conformité
de la copie et de l'original et accuser ou excuser le censeur.

Le temps du privilége était limité, parce qu'il en est des
ouvrages ainsi que des lois, et qu'il n'y a peut-être aucune
doctrine, aucun principe, aucune maxime dont il convienne
également d'autoriser en tout temps la publicité.

Le temps du premier privilége expiré, si le commerçant en
sollicitait le renouvellement, on le lui accordait sans difficulté. Et pourquoi lui en aurait-on fait? Est-ce qu'un ouvrage n'appartient pas à son auteur autant que sa maison ou
son champ? Est-ce qu'il ne peut en aliéner à jamais la
propriété? Est-ce qu'il serait permis, sous quelque cause
ou prétexte que ce fût, de dépouiller celui qu'il a librement
substitué à son droit? Est-ce que le substitué ne mérite pas
pour ce bien toute la protection que le gouvernement accorde aux autres propriétaires contre les autres sortes d'usurpateurs? Si un particulier imprudent et malheureux a acquis à ses risques et fortune un terrain empesté, ou qui le
devienne, sans doute il est du bon ordre de défendre de l'habiter; mais sain ou empesté, la propriété lui en reste, et ce

serait un acte de tyrannie et d'injustice qui ébranlerait toutes les conventions des citoyens que d'en transférer l'usage et la propriété à un autre. Mais je reviendrai sur ce point qui est la base solide ou ruineuse de la propriété du libraire.

Cependant, en dépit de ces principes qu'on peut regarder comme les éléments de la jurisprudence sur les possessions et les acquisitions, le Parlement continue d'improuver par ses arrêts les renouvellements et prorogations de priviléges, sans qu'on en puisse imaginer d'autre raison que celle-ci : c'est que n'étant pas suffisamment instruit de la révolution qui s'était faite dans la police de la librairie et la nature des priviléges, l'épouvantail de l'*exclusif* le révoltait toujours. Mais le Conseil, plus éclairé, j'ose le dire, distinguant avec raison l'acte libre de l'auteur et du libraire d'avec le privi-lége de la chancellerie, expliquait les arrêts du Parlement et en restreignait l'exécution aux livres anciens qu'on avait ori-ginairement publiés d'après des manuscrits communs, et continuait à laisser et à garantir aux libraires la propriété de ceux qu'ils avaient légitimement acquis d'auteurs vivants ou de leurs héritiers.

Mais l'esprit d'intérêt n'est pas celui de l'équité ; ceux qui n'ont rien ou peu de chose sont tout prêts à céder le peu ou rien qu'ils ont pour le droit de se jeter sur la fortune de l'homme aisé. Les libraires indigents et avides étendirent contre toute bonne foi les arrêts du Parlement à toutes sortes de priviléges, et se crurent autorisés à contrefaire indistincte-ment et les livres anciens et les nouveaux, lorsque ces privi-léges étaient expirés, alléguant, selon l'occasion, ou la juris-prudence du Parlement, ou l'ignorance de la prorogation du privilége.

De là une multitude de procès toujours jugés contre le contrefacteur, mais presque aussi nuisibles au gagnant qu'au perdant, rien n'étant plus contraire à l'assiduité que de-mande le commerce que la nécessité de poursuivre ses droits devant les tribunaux.

Mais la conduite d'une partie de ces libraires qui, pour l'attrait présent d'usurper une partie de la fortune de leurs confrères, abandonnait celle de la postérité à l'usurpation du premier venu, ne vous paraît-elle pas bien étrange? Vous conviendrez, monsieur, que ces misérables en usaient comme des gens dont les neveux et les petits-neveux étaient condamnés à perpétuité à être aussi pauvres que leurs aïeux. Mais j'aime mieux suivre l'histoire du code de la librairie et de l'institution des priviléges que de me livrer à des réflexions affligeantes sur la nature de l'homme.

Pour étouffer ces contestations de libraires à libraires qui fatiguaient le conseil et la chancellerie, le magistrat défendit verbalement à la communauté de rien imprimer sans lettres et priviléges du grand sceau. La communauté, c'est-à-dire la partie misérable, fit des remontrances ; mais le magistrat tint ferme et étendit même son ordre verbal jusqu'aux livres anciens, et le Conseil, statuant en conséquence de cet ordre sur les priviléges et leurs continuations par lettres patentes du 20 décembre 1649, défendit d'imprimer aucun livre sans privilége du roi, donna la préférence au libraire qui aurait obtenu le premier des lettres de continuation accordées à plusieurs, proscrivit les contrefaçons, renvoya les demandes de continuation à l'expiration des priviléges, restreignit les demandes à ceux à qui les priviléges auraient été premièrement accordés, permit à ceux-ci de les faire renouveler quand ils en aviseraient bon être, et voulut que toutes les lettres de priviléges et de continuations fussent portées sur le registre de la communauté que le syndic serait tenu de représenter à la première réquisition, pour qu'à l'avenir on n'en prétendît cause d'ignorance, et qu'il n'y eût aucune concurrence frauduleuse ou imprévue, à l'obtention d'une même permission.

Après cette décision, ne vous semble-t-il pas, monsieur, que tout devait être fini, et que le ministre avait pourvu, autant qu'il était en lui, à la tranquillité des possesseurs? Mais

la partie indigente et rapace de la communauté fit les derniers efforts contre les liens nouveaux qui arrêtaient ses
mains. Vous serez peut-être surpris qu'un homme, à qui
vous ne refusez pas le titre de compatissant, s'élève contre
les indigents. Monsieur, je veux bien faire l'aumône, mais je
ne veux pas qu'on me vole ; et si la misère excuse l'usurpation, où en sommes-nous ?

Le père du dernier des Estiennes, qui avait plus de tête
que de fortune et pas plus de fortune que d'équité, fut élevé
tumultuairement à la qualité de syndic par la cabale des
mécontents. Dans cette place, qui lui donnait du poids, il
poursuivit et obtint différents arrêts du Parlement qui l'au-
torisaient à assigner en la Cour ceux à qui il serait accordé
des continuations de priviléges, et parmi ces arrêts, celui du
7 septembre 1657 défend en général de solliciter aucune
permission de réimprimer, s'il n'y a dans l'ouvrage augmentation d'un quart. Eh bien, monsieur, connaissez-vous rien
d'aussi bizarre ? J'avoue que je suis bien indigné de ces réimpressions successives qui réduisent en dix ans ma bibliothèque au quart de sa valeur ; mais faut-il qu'on empêche par
cette considération un auteur de corriger incessamment les
fautes qui lui sont échappées, de retrancher le superflu, et
de suppléer ce qui manque à son ouvrage ? Ne pourrait-on
pas ordonner au libraire, à chaque réimpression nouvelle,
de distribuer les additions, corrections, retranchements et
changements à part ? Voilà une attention digne du magistrat,
s'il aime vraiment les littérateurs, et des chefs de la librairie,
s'ils ont quelque notion du bien public. Qu'on trouve une
barrière à ce sot orgueil, à cette basse condescendance de
l'auteur pour le libraire et au brigandage de celui-ci. N'est-
il pas criant que pour une ligne de plus ou de moins, une
phrase retournée, une addition de deux lignes, une note
bonne ou mauvaise, on réduise presque à rien un ouvrage
volumineux qui m'a coûté beaucoup d'argent ? Suis-je donc
assez riche pour qu'on puisse multiplier à discrétion mes

pertes et ma dépense? Et que m'importe que les magasins du libraire se remplissent ou se vident, si ma bibliothèque dépérit de jour en jour, et s'il me ruine en s'enrichissant? Pardonnez, monsieur, cet écart à un homme qui vous citerait vingt ouvrages de prix dont il a été obligé d'acheter quatre éditions différentes en vingt ans, et à qui, sous une autre police, il en aurait coûté la moitié moins pour avoir deux fois plus de livres.

Après un schisme assez long, la communauté des libraires se réunit et fit le 27 août 1660 un résultat par lequel il fut convenu, à la pluralité des voix, que ceux qui obtiendront privilége ou continuation de privilége, même d'ouvrages publiés hors du royaume, en jouiront exclusivement.

Mais quel pacte solide peut-il y avoir entre la misère et l'aisance? Faut-il s'être pénétré de principes de justice bien sévères, pour sentir que la contrefaçon est un vol? Si un contrefacteur mettait sous presse un ouvrage dont le manuscrit lui eût coûté beaucoup d'argent et dont le ministère lui eût en conséquence accordé la jouissance exclusive, et s'il se demandait à lui-même s'il trouverait bon qu'on le contrefît, que répondrait-il? Ce cas est si simple que je ne supposerai jamais qu'avec la moindre teinture d'équité, un homme en place en ait eu d'autres idées que les miennes.

Cependant les contrefaçons continuèrent, surtout dans les provinces où l'on prétextait l'ignorance des continuations accordées, et où l'on opposait les décisions du Parlement au témoignage de sa conscience. Les propriétaires poursuivirent les contrefacteurs, mais le châtiment qu'ils en obtinrent les dédommagea-t-il du temps et des sommes qu'ils avaient perdus et qu'ils auraient mieux employés?

Le Conseil, qui voyait sa prudence éludée, n'abandonna pas son plan. Combien la perversité des méchants met d'embarras aux choses les plus simples, et qu'il faut d'opiniâtreté et de réflexions pour parer à ces subterfuges! M. d'Ormesson enjoignit à la communauté, le 8 janvier 1665, de proposer des moyens efficaces, si elle en connaissait, de terminer toutes les contestations occasionnées par les priviléges et les continuations de priviléges.

Estienne, cet antagoniste si zélé des privilégiés, avait changé de parti; on avait un certificat de sa main daté du 23 octobre 1664, que les priviléges des vieux livres et la continuation de priviléges des nouveaux étaient nécessaires à l'intérêt public. On produisit ce titre d'ignorance ou de mauvaise foi dans l'instance de Josse, libraire de Paris, contre Malassis, libraire de Rouen, contrefacteur de Busée et de Beuvelet.

Les communautés de Rouen et de Lyon étaient intervenues dans cette affaire; le Conseil jugea l'occasion propre à manifester positivement ses intentions. Malassis fut condamné aux peines portées par les règlements, et les dispositions des lettres patentes du 20 décembre 1649 furent renouvelées par un arrêt du 27 février 1665, qui enjoignit de plus à ceux qui se proposeraient d'obtenir des continuations de priviléges, de les solliciter un an avant l'expiration, et déclara qu'on ne pourrait demander aucune lettre de privilége ou de continuation pour imprimer les auteurs anciens, à moins qu'il n'y eût augmentation ou correction considérable, et que les continuations de priviléges seraient signifiées à Lyon, Rouen, Toulouse, Bordeaux et Grenoble, signification qui s'est rarement faite, chaque libraire, soit de Paris, soit de province, étant tenu à l'enregistrement de ses priviléges et continuations antérieurement accordées; et l'officier préposé à ce service peut toujours refuser l'enregistrement des priviléges et continuations postérieures et doit en donner avis aux intéressés, sur l'opposition desquels le poursuivant se désiste, ou procède au Conseil.

Voilà donc l'état des priviléges devenu constant et les possesseurs de manuscrits acquis des auteurs obtenant une permission de publier, dont ils sollicitent la continuation autant de fois qu'il convient à leur intérêt, et transmettant leurs droits à d'autres à titre de vente, d'hérédité ou d'abandon, comme on l'avait pratiqué dans la compagnie des *Usages* pendant un siècle entier.

Ce dernier règlement fut d'autant plus favorable à la librairie que, les évêques commençant à faire des usages particuliers pour leurs diocèses, les associés pour *l'Usage romain* qui cessait d'être universel se séparèrent, laissèrent aller à l'étranger cette branche de commerce qui les avait soutenus si longtemps avec une sorte de distinction, et furent obligés par les suites d'une spéculation mal entendue de se pourvoir de ces mêmes livres d'usage auprès de ceux qu'ils en fournissaient auparavant ; mais les savants qui illustrèrent le siècle de Louis XIV rendirent cette perte insensible.

Comptez un peu, monsieur, sur la parole d'un homme qui a examiné les choses de près. Ce fut aux ouvrages de ces savants, mais plus encore peut-être à la propriété des acquisitions et à la permanence inaltérable des priviléges qu'on dut les cinquante volumes in-folio et plus de la collection des Pères de l'Église par les révérends pères Bénédictins, les vingt volumes in-folio des *Antiquités* du P. de Montfaucon, les quatorze volumes in-folio de Martenne, l'*Hippocrate* grec et latin de Chartier, en neuf volumes in-folio, les six volumes in-folio du *Glossaire* de Ducange, les neuf volumes in-folio de l'*Histoire généalogique*, les dix volumes in-folio de Cujas, les cinq volumes in-folio de Dumoulin, les belles éditions du Rousseau, du Molière, du Racine, en un mot tous les grands livres de théologie, d'histoire, d'érudition, de littérature et de droit.

En effet, sans les rentrées journalières d'un autre fonds de librairie, comment aurait-on formé ces entreprises hasardeuses ? Le mauvais succès d'une seule a quelquefois suffi pour renverser la fortune la mieux assurée ; et sans la sûreté des priviléges qu'on accordait, et pour ces ouvrages pesants, et pour d'autres dont le courant fournissait à ces tentatives, comment aurait-on osé s'y livrer quand on l'aurait pu ?

Le Conseil, convaincu par expérience de la sagesse de ses règlements, les soutint et les a soutenus jusqu'à nos jours par une continuité d'arrêts qui vous sont mieux connus qu'à moi.

M. l'abbé Daguesseau, placé à la tête de la librairie, n'accorda jamais de priviléges à d'autres qu'à ceux qui en étaient revêtus, sans un désistement exprès.

Le droit du privilége, une fois accordé, ne s'éteignit pas même à son expiration ; l'effet en fut prolongé jusqu'à l'entière consommation des éditions.

Plusieurs arrêts, et spécialement celui du Conseil du 10 janvier, prononça contre des libraires de Toulouse la confiscation de livres qu'ils avaient contrefaits après l'expiration des priviléges. Le motif de la confiscation fut qu'il se trouvait de ces livres en nombre dans les magasins des privilégiés, et ce motif, qui n'est pas le seul, est juste. Un commerçant n'est-il pas assez grevé par l'oisiveté de ses fonds qui restent en piles dans un magasin, sans que la concurrence d'un contrefacteur condamne ces piles à l'immobilité ou à la ruine ? N'est-ce pas le privilége qui a acquis le manuscrit de l'auteur et qui l'a payé ? Qui est-ce qui est propriétaire ? Qui est-ce qui l'est plus légitimement ? N'est-ce pas sous la sauvegarde qu'on lui a donnée, sous la protection dont il a le titre signé de la main du souverain, qu'il a consommé son entreprise ? S'il est juste qu'il jouisse, n'est-il pas injuste qu'il soit spolié et indécent qu'on le souffre ?

Telles sont, monsieur, les lois établies sur les priviléges, c'est ainsi qu'elles se sont formées. Si on les a quelquefois attaquées, elles ont été constamment maintenues, si vous en exceptez une seule circonstance récente.

Par un arrêt du 14 septembre 1761, le Conseil a accordé aux descendants de notre immortel La Fontaine le privilége de ses *Fables*. Il est beau sans doute à un peuple d'honorer la mémoire de ses grands hommes dans leur postérité. C'est un sentiment trop noble, trop généreux, trop digne de moi, pour qu'on m'entende le blâmer. Le vainqueur de Thèbes respecta la maison de Pindare au milieu des ruines de la patrie de ce poëte, et l'histoire a consacré ce trait aussi honorable au conquérant qu'aux lettres. Mais si Pindare, pendant sa vie, eût vendu sa maison à quelque Thébain, croyez-vous qu'Alexandre eût déchiré le contrat de vente et chassé le légitime propriétaire? On a supposé que le libraire n'avait aucun titre de propriété, et je suis tout à fait disposé à le croire; il n'est pas d'un homme de mon état de plaider la cause du commerçant contre la postérité de l'auteur; mais il est d'un homme juste de reconnaître la justice et de dire la vérité même contre son propre intérêt; et ce serait peu-être le mien de ne pas ôter à mes enfants, à qui je laisserai moins encore de fortune que d'illustration, la triste ressource de dépouiller mon libraire quand je ne serai plus. Mais s'ils ont jamais la bassesse de recourir à l'autorité pour com- mettre cette injustice, je leur déclare qu'il faut que les senti- ments que je leur ai inspirés soient tout à fait éteints dans leurs cœurs, puisqu'ils foulent aux pieds, pour de l'argent, tout ce qu'il y a de sacré dans les lois civiles et la possession, que je me suis cru et que j'étais apparemment le maître de mes productions bonnes ou mauvaises, que je les ai libre- ment, volontairement aliénées, que j'en ai reçu le prix que j'y mettais, et que le quartier de vigne ou l'arpent de pré que je serai forcé de distraire encore de l'héritage de mes pères, pour fournir à leur éducation, ne leur appartient pas davantage. Qu'ils voient donc le parti qu'ils ont à prendre; il faut, ou me déclarer insensé au moment où je transigeais, ou s'accuser de l'injustice la plus criante.

Cette atteinte, qui sapait l'état des libraires par ses fonde- ments, répandit les plus vives alarmes dans tout le corps de ces commerçants. Les intéressés, qu'on spoliait en faveur des demoiselles La Fontaine, criaient que l'arrêt du Conseil n'avait été obtenu que sur un faux exposé. L'affaire semblait en- core pendante à ce tribunal. Cependant on enjoignit par une espèce de règlement l'enregistrement de leur privilége à la chambre, nonobstant toute opposition. Cette circonstance acheva de déterminer la communauté, déjà disposée à faire des démarches par l'importance du fonds, à s'unir et à intervenir. On représenta que ce mépris de l'opposition était contraire à tout ce qui s'est jamais pratiqué pour les grâces du prince, qu'il ne les accorde que sauf le droit d'autrui, qu'elles n'ont de valeur qu'après leur enregistrement, qui suppose dans ceux à qui elles sont notifiées par cette voie l'examen le plus scrupuleux du préjudice qu'elles pourraient causer; que, si nonobstant cet examen des syndics et adjoints et la connaissance du tort que la bienveillance du souverain occasionnerait et les oppositions légitimes qui leur sont faites, ils passaient à l'enregistrement, ils iraient certainement contre l'intention du prince, qui n'a pas besoin et qui ne se propose jamais d'opprimer un de ses sujets pour en favoriser un autre, et que dans le cas dont il s'agissait il ôterait évidemment la propriété au possesseur pour la transférer au demandeur contre la maxime du droit.

Franchement, monsieur, je ne sais ce qu'on peut répondre à ces représentations, et j'aime mieux croire qu'elles n'arrivent jamais aux oreilles du maître; c'est un grand malheur pour les souverains de ne pouvoir jamais entendre la vérité; c'est une cruelle satire de ceux qui les environnent que cette barrière impénétrable qu'ils forment autour de lui et qui l'en écarte. Plus je vieillis et plus je trouve ridicule de juger du bonheur d'un peuple par la sagesse de ses institutions. Eh! à quoi servent ces institutions si sages, si elles ne sont pas observées? Ce sont quelques belles lignes écrites pour l'avenir sur une feuille de papier.

Je m'étais proposé de suivre l'établissement des lois concernant les priviléges de la librairie depuis leur origine jusqu'au moment présent, et j'ai rempli cette première partie de ma tâche; il me reste à examiner un peu plus strictement leur influence sur l'imprimerie, la librairie et la littérature, et ce que ces trois états auraient à gagner ou à perdre dans leur établissement. Je me répéterai quelquefois, je reviendrai sur plusieurs points que j'ai touchés en passant, je serai plus long ; mais peu m'importe pourvu que j'en devienne en même temps plus convaincant et plus clair. Il n'y a guère de magistrats, sans vous excepter, monsieur, pour qui la matière ne soit toute neuve ; mais vous savez, vous, que plus on a d'autorité, plus on a besoin de lumières.

A présent, monsieur, que les faits vous sont connus, nous pouvons raisonner. Ce serait un paradoxe bien étrange, dans un temps où l'expérience et le bon sens concourent à démontrer que toute entrave est nuisible au commerce, d'avancer qu'il n'y a que les privilégiés qui puissent soutenir la librairie. Cependant rien n'est plus certain. Mais ne nous en laissons pas imposer par les mots. Ce titre odieux qui consiste à conférer gratuitement à un seul un bénéfice auquel tous ont une égale et juste prétention, voilà le privilége abhorré par le bon citoyen et le ministre éclairé ; reste à savoir si le privilége du libraire est de cette nature. Mais vous avez vu par ce qui précède combien cette idée serait fausse : le libraire acquiert par un acte un manuscrit ; le ministère par une permission autorise la publication de ce manuscrit et garantit à l'acquéreur la tranquillité de sa possession. Qu'est-ce qu'il y a en cela de contraire à l'intérêt général ? Que fait-on pour le libraire qu'on ne fasse pour tout autre citoyen ? Je vous demande, monsieur, si celui qui a acheté une maison n'en a pas la propriété et la jouissance exclusive ? si, sous ce point de vue, tous les actes qui assurent à un particulier la possession fixe et constante d'un effet quel qu'il soit ne sont pas des priviléges exclusifs ? si, sous prétexte que le possesseur est suffisamment dédommagé du premier prix de son acquisition, il serait licite de l'en dépouiller ? si cette spoliation ne serait pas l'acte le plus violent de la tyrannie ? si cet abus du pouvoir tendant à rendre toutes les fortunes chancelantes, toutes les hérédités incertaines, ne

réduirait pas un peuple à la condition de serfs et ne remplirait pas un État de mauvais citoyens? Car il est constant pour
tout homme qui pense que celui qui n'a nulle propriété dans
l'État, ou qui n'y a qu'une propriété précaire, n'en peut jamais être un bon citoyen. En effet, qu'est-ce qui l'attacherait
à un globe plutôt qu'à un autre ?

Le préjugé vient de ce qu'on confond l'état de libraire, la
communauté des libraires, la corporation avec le privilége et
le privilége avec le titre de possession, toutes choses qui
n'ont rien de commun, non rien, monsieur ! Eh! détruisez
toutes les communautés, rendez à tous les citoyens la liberté
d'appliquer leurs facultés selon leur goût et leur intérêt,
abolissez tous les priviléges, ceux même de la librairie, j'y
consens ; tout sera bien, tant que les lois sur les contrats de
rente et d'acquisition subsisteront.

En Angleterre, il y a des marchands de livres et point de
communauté de libraires ; il y a des livres imprimés et point
de priviléges ; cependant le contrefacteur y est déshonoré
comme un homme qui vole, et ce vol est poursuivi devant
les tribunaux et puni par les lois. On contrefait en Écosse, en
Irlande, les livres imprimés en Angleterre ; mais il est inouï
qu'on ait contrefait à Cambridge ou à Oxford les livres imprimés à Londres. C'est qu'on ne connaît point là la différence de l'achat d'un champ ou d'une maison à l'achat d'un
manuscrit, et en effet il n'y en a point, si ce n'est peut-être
en faveur de l'acquéreur d'un manuscrit. C'est ce que je vous
ai déjà insinué plus haut, ce que les associés aux *Fables* de
La Fontaine ont démontré dans leur mémoire, et je défie
qu'on leur réponde.

En effet, quel est le bien qui puisse appartenir à un
homme, si un ouvrage d'esprit, le fruit unique de son éducation, de ses études, de ses veilles, de son temps, de ses recherches, de ses observations, si les plus belles heures, les
plus beaux moments de sa vie, si ses propres pensées, les
sentiments de son cœur, la portion de lui-même la plus pré-

cieuse, celle qui ne périt point, celle qui l'immortalise, ne lui appartient pas? Quelle comparaison entre l'homme, la substance même de l'homme, son âme, et le champ, le pré, l'arbre ou la vigne que la nature offrait dans le commencement également à tous, et que le particulier ne s'est approprié que par la culture, le premier moyen légitime de possession? Qui est plus en droit que l'auteur de disposer de sa chose par don ou par vente? Or le droit du propriétaire est la vraie mesure du droit de l'acquéreur. Si je laissais à mes enfants le privilége de mes ouvrages, qui oserait les en spolier? Si, forcé par leurs besoins ou par les miens d'aliéner ce privilége, je substituais un autre propriétaire à ma place, qui pourrait, sans ébranler tous les principes de la justice, lui contester sa propriété? Sans cela quelle serait la vile et misérable condition d'un littérateur? Toujours en tutelle, on le traiterait comme un enfant imbécile dont la minorité ne cesse jamais. On sait que l'abeille ne fait pas le miel pour elle; mais l'homme a-t-il le droit d'en user avec l'homme comme il en use avec l'insecte qui fait le miel?

Je le répète, l'auteur est maître de son ouvrage, ou personne dans la société n'est maître de son bien. Le libraire le possède comme il était possédé par l'auteur. Il a le droit incontestable d'en tirer tel parti qui lui conviendra par des éditions réitérées; il serait aussi insensé de l'en empêcher que de condamner un agriculteur à laisser son terrain en friche, ou un propriétaire de maison à laisser son appartement vide. Monsieur, le privilége n'est rien qu'une sauvegarde accordée par le souverain pour la conservation d'un bien, dont la défense, dénuée de son autorité expresse, excéderait souvent la valeur. Étendre la notion du privilége de libraire au delà de ces bornes, c'est se tromper, c'est méditer l'invasion la plus atroce, c'est se jouer des conventions et des propriétés, léser uniquement les gens de lettres ou leurs héritiers ou leurs ayants cause, gratifier par une personnalité tyrannique un citoyen aux dépens de son voisin, porter le trouble dans une infinité de familles tranquilles, ruiner ceux qui, sur la solidarité présumée d'après les règlements, ont accepté des effets de librairie dans les partages de succession, ou les forcer à rappeler à contribution leurs copartageants, justice qu'on ne pourrait pas leur refuser, puisqu'ils ont reçu ces bons sur l'autorité des lois qui en garantissaient la réalité, opposer les enfants aux enfants, les pères et mères aux pères et mères, les créanciers aux cessionnaires, et imposer silence à toute justice.

Si une affaire de cette nature était portée au tribunal commun de la justice, si le libraire n'avait pas un supérieur absolu qui décide comme il lui plaît, quelle issue croyez-vous qu'elle aurait ?

Tandis que je vous écrivais, j'ai appris qu'il y avait sur cet objet un mémoire imprimé d'un de nos plus célèbres jurisconsultes, c'est M. d'Héricourt. Je l'ai lu, et j'ai eu la satisfaction de voir que j'étais dans les mêmes principes que lui, et que nous en avions tiré l'un et l'autre les mêmes conséquences.

Il n'est pas douteux que le souverain qui peut abroger des lois, lorsque les circonstances les ont rendues nuisibles, ne puisse aussi, par des raisons d'État, refuser la continuation d'un privilége ; mais je ne pense pas qu'il y ait aucun cas imaginable où il ait le droit de la transférer ou de la partager.

C'est la nature du privilége de la librairie méconnue, c'est la limitation de sa durée, c'est le nom même de privilége qui a exposé ce titre à la prévention générale et bien fondée qu'on a contre tout autre *exclusif*.

S'il était question de réserver à un seul le droit inaliénable d'imprimer des livres en général, ou des livres sur une matière particulière, comme la théologie, la médecine, la jurisprudence ou l'histoire, ou des ouvrages sur objet déterminé, tels que l'histoire du prince, le traité de l'œil, du foie, ou d'une autre maladie, la traduction d'un auteur spé-

cifié, une science, un art, si ce droit était un acte de la
volonté arbitraire du prince, sans aucun fondement légitime
que son bon plaisir, sa puissance, sa force, ou la prédilection
d'un mauvais père qui détournerait les yeux de dessus ses
autres enfants pour les arrêter sur un seul, de tels priviléges seraient évidemment opposés au bien général, au progrès des connaissances et à l'industrie des commerçants.

Mais encore une fois, monsieur, ce n'est pas cela : il s'agit
d'un manuscrit, d'un effet légitimement cédé, légitimement
acquis, d'un ouvrage privilégié qui appartient à un seul acquéreur, qu'on ne peut transférer soit en totalité, soit en
partie à un autre sans violence, et dont la propriété indivi-
duelle n'empêche point d'en composer et d'en publier à
l'infini sur le même objet. Les privilégiés de l'*Histoire de
France* de Mézeray n'ont jamais formé de prétention sur celles
de Riencourt, de Marcel, du président Hénault, de Le Gendre,
de Bossuet, de Daniel, de Velly. Les propriétaires du Virgile
de Catrou laissent en paix les possesseurs du Virgile de
La Lande, de Lallemand et de l'abbé Desfontaines, et la
jouissance permanente de ces effets n'a pas plus d'inconvénients que celle de deux prés ou de deux champs voisins
assurée à deux particuliers différents. On vous criera aux
oreilles : « Les intérêts des particuliers ne sont rien en concurrence avec l'intérêt du tout. » Combien il est facile d'avancer
une maxime générale que personne n'ose contester ! mais
qu'il est difficile et rare d'avoir toutes les connaissances de
détail nécessaires pour en prévenir une fausse application !

Heureusement pour moi, monsieur, et pour vous, j'ai à
peu près exercé la double profession d'auteur et de libraire,
j'ai écrit et j'ai plusieurs fois imprimé pour mon compte, et
je puis vous assurer, chemin faisant, que rien ne s'accorde
plus mal que la vie active du commerçant et la vie sédentaire
de l'homme de lettres, incapables que nous sommes d'une
infinité de petits soins. Sur cent auteurs qui voudront débiter eux-mêmes leurs ouvrages, il y en a quatre-vingt-dix-

neuf qui s'en trouveront mal et s'en dégoûteront. Le libraire peu scrupuleux croit que l'auteur court sur ses brisées. Lui qui jette les hauts cris quand on le contrefait, qui se tiendrait pour malhonnête homme s'il contrefaisait son confrère, se rappelle son état et ses charges que le littérateur ne partage point et finit par le contrefaire. Les correspondants de province nous pillent impunément; le commerçant de la capitale n'est pas assez intéressé au débit de notre ouvrage pour le pousser. Si la remise qu'on lui accorde est forte, le profit de l'auteur s'évanouit; et puis tenir des livres de recettes et de dépenses, répondre, échanger, recevoir, envoyer, quelles occupations pour un disciple d'Homère ou de Platon !

Aux connaissances de la librairie, que je dois à ma propre expérience, j'ai réuni celles d'une longue habitude avec les libraires que j'estime; je les ai vus, je les ai écoutés, et quoique ces commerçants, ainsi que tous les autres, aient aussi leurs petits mystères, ils laissent échapper dans une occasion ce qu'ils retiennent dans une autre ; et vous pouvez attendre de moi, sinon des résultats rigoureux, du moins la sorte de précision qui vous est nécessaire; il n'est pas question ici de partager un écu en deux.

Un particulier qui prend l'état de libraire, s'il a quelque bien, se hâte de le placer, dans l'acquisition de parts, en différents livres d'un débit courant.

L'intervalle moyen de l'édition d'un bon livre à un autre peut s'évaluer à dix ans.

Ses premiers fonds ainsi placés, s'il se présente une entreprise qui le séduise, il s'y livre ; alors il est obligé de recourir à un emprunt ou à la vente de la part d'un privilége dont il eût retrouvé, avant qu'on eût presque culbuté cet état, à peu près la première valeur. L'emprunt serait ruineux, il préfère la vente de la part d'un privilége, et il a raison.

Si son entreprise réussit, du produit il remplace l'effet qu'il a sacrifié, et il accroît son premier fonds, et du nouvel effet qu'il a acquis et de l'effet remplacé.

3

S'il échoue dans son entreprise, comme il arrive plusieurs fois contre une, ses avances sont perdues, il a un effet de moins et communément des dettes à acquitter ; mais il sera ferme dans le fonds solide et courant qui lui reste, et sa ruine n'est pas absolue.

Je serais beaucoup moins étendu si je n'avais que la vérité à dire ; mais il faut que j'aille à chaque ligne au-devant des absurdités qu'on ne manque pas d'objecter, et une des plus fortes et des plus communes, c'est, dans l'évaluation des avantages et des désavantages d'une profession, de prendre pour exemple quelques individus rares et extraordinaires, tels, par exemple, que feu Durand, qui parviennent à force d'industrie et de travail à porter par la multitude incroyable des échanges et des correspondances le plus léger succès à un produit énorme, et à réduire à peu de chose ce qui serait pour un autre la plus énorme perte. Peu sont capables de cette activité ; à beaucoup elle serait ruineuse en leur imposant une tâche plus longue que le jour n'a d'heures de travail ; aucun n'en est récompensé qu'à la longue. Est-ce de là qu'il faut partir ? Non, monsieur, non. D'où donc, me direz-vous ? de la condition générale et commune, celle d'un débutant ordinaire, qui n'est ni pauvre ni riche, ni un aigle ni un imbécile. Ah ! monsieur, on a bientôt compté les libraires qui sont sortis de ce commerce avec de l'opulence ; quant à ceux qu'on ne cite point, qui ont langui dans la rue Saint-Jacques ou sur le quai, qui ont vécu à l'aumône de la communauté et dont elle a payé la bière, soit dit sans offenser les auteurs, le nombre en est prodigieux. Or, la condition générale et commune est telle que je viens de vous la représenter ; c'est celle du jeune commerçant dont la ressource, après une entreprise malheureuse, est toute en un reste de fonds solide, dans lequel il se renferme jusqu'à ce que, par des rentrées journalières, il se soit mis en état de risquer une seconde tentative. Si donc vous abolissez les priviléges, ou que par des atteintes réitérées vous les jetiez dans le discrédit, c'en est fait de cette ressource ; plus d'économies dans cette sorte de commerce, plus d'espérance, plus de fonds solide, plus de crédit, plus de courage, plus d'entreprises. Arrangez les choses comme il vous plaira, ou vous transférerez sa propriété à un autre pour en jouir exclusivement, ou vous la remettrez dans la masse commune. Au premier cas, il est ruiné de fond en comble, par une spoliation absolue à laquelle je n'aperçois pas le moindre avantage pour le public ; car que nous importe que ce soit Paul ou Jean qui nous vende le Corneille ? Au second, il ne souffre guère moins par les suites d'une concurrence limitée ou illimitée. Ceci n'est pas clair pour vous et il faut l'éclaircir. C'est, monsieur, qu'en général une édition par concurrence est plus onéreuse qu'utile, ce qu'un seule exemple vous prouvera de reste.

Je prends le *Dictionnaire de la Fable* et je suppose qu'on en débite un mille par an et que le privilégié en fasse une édition de six mille, sur laquelle il y ait profit de moitié. Le libraire dira que ce profit est exagéré, il objectera les remises, les non-valeurs, la lenteur des rentrées ; mais laissons-le dire.

Si, tandis que l'ouvrage s'imprime à Paris, il se réimprime à Lyon, le temps de la vente de ces deux éditions sera de douze ans, et chaque libraire retirera à peine son argent au denier dix, le taux du commerce.

Si, dans cet intervalle, il se fait une troisième édition à Rouen, voilà la consommation de ces trois éditions renvoyée à dix-huit ans, et à vingt-quatre si l'ouvrage est encore réimprimé à Toulouse.

Supposez que les concurrents se multiplient à Bordeaux, à Orléans, à Dijon, et dans vingt autres villes, et le *Dictionnaire de la Fable*, ouvrage profitable au propriétaire exclusif, tombe absolument en non-valeur et pour lui et pour les autres.

Mais, me direz-vous, je nie la possibilité de ces éditions et de ces concurrences multipliées ; elles se proportionneront toujours au besoin du public, au plus bas prix de la main-d'œuvre, au moindre profit du libraire, et par conséquent au plus grand avantage de l'acheteur, le seul que nous ayons à favoriser. Vous vous trompez, monsieur, elles se multiplieront à l'infini, car il n'y a rien qui puisse se faire à moins de frais qu'une mauvaise édition. Il y aura concurrence à qui fabriquera le plus mal, c'est un fait d'expérience. Les livres deviendront très-communs, mais avant dix ans vous les aurez tous aussi misérables de caractères, de papier et de correction que la *Bibliothèque bleue*, moyen excellent pour ruiner en peu de temps trois ou quatre manufactures importantes. Et pourquoi Fournier fondrait-il les plus beaux caractères de l'Europe si on ne les employait plus? Et pourquoi nos habitants de Limoges travailleraient-ils à perfectionner leurs papiers si on n'achète plus que celui du *Messager boiteux*? Et pourquoi nos imprimeurs payeraient-ils chèrement des protes instruits, de bons compositeurs et des pressiers habiles, si toute cette attention ne servait qu'à multiplier leurs frais sans accroître leurs profits? Ce qu'il y a de plus, c'est qu'à mesure que ces arts dépériront parmi nous, ils s'élèveront chez l'étranger, et qu'il ne tardera pas à nous fournir les seules bonnes éditions qui se feront de nos auteurs. C'est une fausse vue, monsieur, que de croire que le bon marché puisse jamais, en quelque genre que ce soit, mais surtout en celui-ci, soutenir de la mauvaise besogne. Cela n'arrive chez un peuple que lorsqu'il est tombé dans la dernière misère; et quand il se trouverait au milieu de cette dégradation quelques manufacturiers qui penseraient à fournir les gens de goût de belles éditions, croyez-vous qu'ils le pussent au même prix? Et quand ils le pourraient au même prix qu'aujourd'hui et que l'étranger, quelle ressource leur avez-vous réservée pour les avances? Ne nous en imposons pas, monsieur; sans doute la concurrence excite l'émulation; mais dans les affaires de commerce et d'intérêt, pour une fois qu'elle excite l'émulation de bien faire, cent fois c'est celle de faire à moins de frais; ce ressort n'agit dans l'autre sens

que sur quelques hommes singuliers, enthousiastes de leur
profession, qui sont attendus par la gloire et par la misère
qui ne les manquent jamais.

Il y a sans contredit dans cette question un terme moyen,
mais difficile à saisir, et que je crois que nos prédécesseurs
ont trouvé par un tâtonnement de plusieurs siècles ; tâchons
de ne pas tourner dans un cercle vicieux, ramenés sans
cesse aux mêmes remèdes par les mêmes difficultés et les
mêmes inconvénients. Laissez faire le libraire, laissez faire
l'auteur. Le temps apprendra bien sans vous à celui-ci la valeur de son effet ; assurez seulement au premier son acquisition et sa propriété, condition sans laquelle la production de
l'auteur perdra nécessairement de son juste prix, et surtout
songez que, si vous avez besoin d'un seul manufacturier, il
faut des siècles pour le faire et qu'il ne faut qu'un instant
pour le perdre.

Vous cherchez une balance qui force le libraire à bien travailler et à mettre à son travail une juste valeur, et vous ne
voyez pas qu'elle est toute trouvée dans la concurrence de
l'étranger. Je défie un libraire de Paris de hausser le prix
d'un in-douze au delà du surcroît des frais particuliers et des
hasards de celui qui contrefait clandestinement, ou de celui
qui envoie de loin, sans qu'avant un mois nous en ayons
une édition d'Amsterdam ou de province, mieux faite que la
sienne, à meilleur marché, et sans que vous puissiez jamais
l'empêcher d'entrer.

Laissez donc là un progrès qui tournerait au dommage de
votre commerçant le petit nombre de ses entreprises utiles ;
s'il est privé de rentrées promptes et sûres qui l'assistent au
besoin, que fera-t-il ? un emprunt ? Mais il y a longtemps que
l'état mesquin des libraires du royaume et le discrédit de
leurs effets a annoncé que leur commerce est trop borné pour
qu'ils puissent asseoir des rentes sur son profit. Si vous voulez connaître tout ce discrédit, faites un tour à la Bourse ou
dans la rue Saint-Merry, où vous verrez tous les huit jours

un de ces commerçants demander à la justice consulaire un billet de trois mois pour un billet de vingt écus ; et quand le libraire se résoudrait à emprunter, quels coffres lui seront ouverts, surtout lorsque, par l'instabilité des priviléges et la concurrence générale, il sera démontré que le fond de sa fortune n'a rien de réel, et qu'il peut aussi sûrement et aussi rapidement être réduit à la mendicité par un acte d'autorité que par l'incendie de ses magasins? Et puis qui est-ce qui ne connaît pas l'incertitude de ses entreprises?

Appuyons ces réflexions d'un fait actuel. Avant l'annonce de l'édition de Corneille par les Genevois, cet auteur avec le privilége se vendait à la chambre syndicale cinquante sous ou trois francs le volume ; depuis que des souscriptions de l'édition genevoise ont été distribuées sous les yeux des libraires, malgré leurs représentations et contre le privilége des propriétaires qui est expiré et dont on a refusé le renouvellement, le prix du même volume dans deux ventes consécutives est tombé à douze sous, et dans une troisième du mois de septembre 1763, à six sous ; cependant les magasins des associés au Corneille sont pleins de deux éditions en grand et en petit in-douze.

Certainement on n'empêchera jamais l'étranger de contrefaire nos auteurs ; certainement il est à souhaiter que dans trente ans d'ici, M. de Voltaire nous donne des éditions de ses ouvrages et des commentaires sur d'autres en quelque endroit du monde que ce soit ; certainement encore je loue le ministère d'en user avec les descendantes du grand Corneille comme il en a usé avec les descendantes de l'inimitable La Fontaine : mais que ce soit, s'il se peut, sans spolier personne et sans nuire au bien général. Des souscriptions dont on devrait si rarement gratifier le régnicole, accordées à l'étranger! et quand encore et contre qui? Je ne saurais m'en taire.... l'on ne spoliera personne, si l'on fait une bonne pension à Mlle Corneille, et si l'État achète des propriétaires les champs et les maisons de M. La Fontaine pour y loger

celles qui sont encore illustrées de son nom ; et l'on veillera
au bien général en fermant la porte à l'édition genevoise et
laissant aux propriétaires des œuvres de Corneille le soin de
nous procurer les notes de M. de Voltaire. Et pourquoi, monsieur, ces souscriptions si suspectes sont-elles devenues si
communes ? C'est que le libraire est pauvre, ses avances considérables et son entreprise hasardeuse. Il propose un remède pour s'assurer quelque argent comptant et échapper à
sa ruine ; mais quand il serait assez riche pour tenter et
achever une grande entreprise sans la ressource de ses rentrées journalières, croit-on qu'il en hasarde jamais de quelque importance ? S'il échoue, son privilége ou la propriété
d'un mauvais effet lui restera ; s'il a du succès, elle lui
échappe au bout de six ans. Quel rapport y a-t-il, s'il vous
plaît, entre son espérance et ses risques ? Voulez-vous connaître précisément la valeur de sa chance ? Elle est comme
le nombre des livres qui durent, au nombre des livres qui
tombent, on ne peut ni la diminuer ni l'accroître ; c'est un
jeu de hasard , si l'on en excepte les cas où la réputation de
l'auteur, la singularité de la matière, la hardiesse ou la nouveauté, la prévention, la curiosité, assurent au commerçant
au moins le retour de sa mise.

Une bévue que je vois commettre sans cesse à ceux qui se
laissent mener par des maximes générales, c'est d'appliquer
les principes d'une manufacture d'étoffes à l'édition d'un
livre. Ils raisonnent comme si le libraire pouvait ne fabri-
quer qu'à proportion de son débit et qu'il n'eût de risques à
courir que la bizarrerie du goût et le caprice de la mode ;
ils oublient ou ignorent, ce qui pourrait bien être au moins,
qu'il serait impossible de débiter un ouvrage à un prix raisonnable sans le tirer à un certain nombre. Ce qui reste
d'une étoffe surannée dans les magasins de soieries a quelque
valeur. Ce qui reste d'un mauvais ouvrage dans les magasins
de librairie n'en a nulle. Ajoutez que, de compte fait, sur
dix entreprises, il y en a une, et c'est beaucoup, qui réussit,

quatre dont on recouvre les frais à la longue, et cinq où l'on reste en perte.

J'en appellerai toujours à des faits, parce que vous n'avez pas plus de foi que moi à la parole du commerçant mystérieux et menteur, et que les faits ne mentent point. Quel fonds plus riche, plus ample et plus varié que celui de feu Durand? On le fait monter à 900 000 francs; envoyez-en d'abord pour cent cinquante mille livres à la rame, et doutez qu'il en reste quelque chose à sa veuve et à ses enfants, lorsque la succession sera liquidée par le remboursement des créanciers.

Je sais qu'on proportionne à peu près la durée du privilége à la nature de l'ouvrage, aux avances du commerçant, aux hasards de l'entreprise, à son importance et au temps présumé de la consommation. Mais qui est-ce qui peut mettre dans un calcul précis tant d'éléments variables? Et combien de fois les magasins ne se trouvent-ils pas remplis à l'expiration du privilége?

Mais une considération qui mérite surtout d'être bien pesée, dans le cas où les ouvrages seraient abandonnés à une concurrence générale, c'est que l'honneur étant la portion la plus précieuse des émoluments de l'auteur; les éditions multipliées, la marque la plus infaillible du débit; le débit, le signe le plus sûr du goût et de l'approbation publique; si rien n'est si facile que de trouver un auteur vain et un commerçant avide, quelle multitude d'éditions ne s'exécuteront pas les unes sur les autres, surtout si l'ouvrage a quelque succès, éditions où toutes les précédentes seront sacrifiées à la dernière pour une addition légère, un trait ironique, une phrase ambiguë, une pensée hardie, une note singulière? En conséquence, voilà trois ou quatre commerçants abîmés et immolés à un cinquième qui peut-être ne s'enrichira pas, ou qui ne s'enrichira qu'aux dépens de nous autres, pauvres littérateurs, et vous savez bien, monsieur, que ce que j'avance n'est pas tout à fait mal fondé.

De là, que s'ensuivra-t-il ? que la partie la plus sensée des libraires laissera former des entreprises aux fous, que les priviléges dont on se hâtait de remplir ses portefeuilles n'étant plus que des effets plus incertains que ceux de banque, on se contentera de garnir sa boutique ou son magasin de toutes les sortes originales ou contrefaites de la ville ou de la province, du royaume ou de l'étranger, et qu'on n'imprimera que comme on bâtit, à la dernière extrémité, convaincu qu'on sera, que plus on aurait acheté de manuscrits, plus on aurait dépensé pour les autres, moins on aurait acquis pour soi et moins on laisserait à ses enfants.

En effet, n'y aurait-il pas de l'extravagance à courir les premiers hasards ? ne serait-il pas plus adroit de demeurer à l'affût des succès et d'en profiter, surtout avec la certitude que le téméraire ne risquera point une édition nombreuse et qu'en partant après lui on pourra faire encore un profit très-honnête, sans s'être exposé à aucune perte ?

En certaines circonstances il échappe au commerçant des propos qui décèlent particulièrement son esprit et que je retiens volontiers ; qu'on aille lui proposer un ouvrage de bonne main et de peu d'acheteurs, que dit-il ? « Oui, les avances seront fortes et les rentrées difficiles, mais c'est un bon livre de fonds ; avec deux ou trois effets tels que celui-là, on établit un enfant. » Eh ! ne lui ôtons pas sa propriété et la dot de sa fille.

Des fabricants sans fonds ne feront jamais bien valoir leurs fabriques, et des libraires sans priviléges seront des fabricants sans fonds. Je dis sans priviléges, parce que ce mot ne doit plus mal sonner à vos oreilles.

Si vous préférez une communauté où l'égale médiocrité de tous les membres rende une grande entreprise impossible à une communauté où la richesse soit inégalement distribuée, faites rentrer les effets sans distinction dans une masse commune, j'y consens ; mais attendez-vous à ce pre-

mier inconvénient et à bien d'autres, plus de crédit entre
eux, plus de remises pour la province, affluence d'éditions
étrangères, jamais une bonne édition; fonderie en caractères
mauvaise; chute des papeteries, et imprimerie réduite aux
factums, aux brochures et à tous ces papiers volants qui
éclosent et meurent dans un jour. Voyez si c'est là ce que
vous voulez; pour moi, je vous avoue, monsieur, que ce ta-
bleau de la librairie me plaît moins que celui que je vous
ai fait de ce commerce dans les temps qui ont suivi le règlement de 1665. Ce qui m'afflige, c'est que le mal une fois fait,
il sera sans remède.

Mais avant que d'aller plus loin, car il me reste encore des
choses sérieuses à vous dire, il faut que je vous prévienne
contre un sophisme des gens à système. C'est que ne connaissant que très-superficiellement la nature des différents
genres infinis du commerce, ils ne manqueront pas d'obser-
ver que la plupart des raisons que je vous apporte en faveur
de celui de la librairie pourraient être employées avec la
même force pour tous ceux qui ont des exclusifs à défendre,
comme si tous les exclusifs étaient de la même sorte, comme
si les circonstances étaient partout les mêmes; ou comme
si les circonstances pouvaient différer sans rien changer au
fond; et comme s'il n'arrivait pas que, dans les questions po-
litiques, un motif qui paraît décisif en général ne soit réel-
lement solide que dans quelques cas et même dans aucun.
Exigez donc, monsieur, qu'on discute et qu'on n'enveloppe
pas vaguement dans une même décision des espèces tout à
fait diverses. Il ne s'agit pas de dire : « Tous les exclusifs sont
mauvais; » mais il s'agit de montrer que ce n'est pas la propriété qui constitue l'exclusif du libraire, et que quand cet
exclusif serait fondé sur une acquisition réelle et sur un
droit commun à toutes les acquisitions du monde, il est
nuisible à l'intérêt général, et qu'il faut l'abolir malgré la
propriété. Voilà le point de la difficulté. Demandez, je vous
prie, ce que nous gagnerons à des translations arbitraires

du bien d'un libraire à un autre libraire. Faites qu'on vous montre bien nettement qu'il nous importe que ce soit plutôt un tel qu'un tel qui imprime et débite un tel livre ; je ne demande pas mieux qu'on nous favorise. En attendant, ce qui se présente à moi, c'est qu'un possesseur actuel ne regardant la jouissance que comme momentanée doit faire de son mieux pour lui, et de son pire pour nous ; car il est impossible que son intérêt et le nôtre soient les mêmes ; ou si cela était ainsi les choses seraient au mieux et il n'y aurait rien à changer.

Mais permettez-vous, monsieur, qu'on vous dise à l'oreille les idées de quelques gens que vous appellerez rêveurs, méchants, bizarres, mauvais esprits, malintentionnés, comme il vous plaira ? Ces gens-là, ne voyant dans ces innovations rien qui tende directement au bien général, y soupçonnent quelque motif caché d'intérêt particulier, et, pour trancher le mot, le projet d'envahir un jour tous les fonds de la librairie, et comme ce projet, ajoutent-ils, est d'une atrocité si révoltante qu'on n'ose le consommer tout d'un coup, on cherche de loin à y accoutumer peu à peu le commerçant et le public par des démarches colorées du sentiment le plus noble et le plus généreux, celui d'honorer la mémoire de nos auteurs illustres dans leur postérité malheureuse. « Regardez, continuent-ils, car ce sont toujours eux qui parlent, comment à côté de ce prétexte honnête, on place les raisons d'autorité et d'autres qu'on saura bien faire valoir toutes seules, lorsqu'on croira n'avoir plus de ménagements à garder. » Ces idées sinistres ne prendront jamais auprès de ceux qui connaissent comme moi la justice, le désintéressement, la noblesse d'âme de nos supérieurs, et qui portent à leurs fonctions et à leur caractère tout le respect qui leur est dû. Mais, monsieur, qui nous répondra de leurs successeurs ? S'ils trouvent toutes les choses préparées de loin à une invasion, quelle sûreté pouvons-nous avoir qu'ils ne s'y détermineront pas ? A votre avis, monsieur, le commerçant tranquille sur le moment présent, serait-il bien déraisonnable d'avoir quelque inquiétude pour l'avenir ?

D'autres ont imaginé que le plan était, à l'expiration successive des privilèges, de mettre pour condition à leur renouvellement la réimpression de certains ouvrages importants qui manquent et qui manqueront encore longtemps, des avances considérables que le commerçant n'est pas en état de faire, et la lenteur des rentrées qu'il n'est guère en état d'attendre, le détournant de ces entreprises. Cette espèce d'imposition est de la nature de celles qu'il plaît au souverain d'asseoir sur tous les autres biens de ses sujets dans les besoins urgents de l'État ; je n'oserais la blâmer, et il y en a déjà quelques exemples ; mais elle ne peut jamais autoriser à la translation des propriétés. Si elle pouvait servir de prétexte un jour à cette iniquité, un magistrat prudent y renoncerait ; mais une attention nécessaire, c'est d'alléger cette tâche le plus qu'il est possible et de la proportionner avec scrupule à la valeur du privilége qu'on renouvelle ; et puis vous verrez qu'elle deviendra tôt ou tard le germe des vexations les plus inouïes. J'aimerais bien mieux qu'elle tombât sur des concessions de pure faveur, telles, par exemple, que les permissions tacites, les contrefaçons faites de l'étranger et autres objets de cette espèce.

Il y en a qui conjecturent, et ceux-ci sont le plus grand nombre, que le dessein est de transformer tous les priviléges en permissions pures et simples, sans aucune clause d'exécution, en sorte que, accordées en même temps à plusieurs à la fois, il en résulte rivalité dans l'exécution, concurrence dans le débit, et les éditions les plus belles au plus bas prix possible.

Mais premièrement, c'est traiter le privilége du libraire comme une grâce qu'on est libre de lui accorder ou de lui refuser, et oublier que ce n'est que la garantie d'une vraie propriété à laquelle on ne saurait toucher sans injustice. Et quel sera le produit de cette injustice ? Vous en allez juger, vous ramenant à des faits toutes les fois que je le peux ; c'est ma méthode, et je crois qu'elle vous convient.

Les auteurs classiques sont précisément, monsieur, dans le cas où l'on se proposerait de réduire tous les autres livres. Il n'y a pour ces ouvrages que de ces sortes de permissions, et la concurrence libre et générale en a été perpétuelle, même après les édits de 1649 et de 1665, qui en faisaient des priviléges exclusifs e l'objet d'un fonds solide et propre à chaque pourvu. Eh bien ! monsieur, quelle émulation entre les commerçants, quel avantage pour le public ces concurrences ont-elles produit ? Entre les commerçants l'émulation de l'économie, comme je vous l'avais prédit ailleurs, c'est-à-dire la main-d'œuvre la plus négligée, les plus mauvais papiers, et des caractères dont on a plus que ce misérable service à tirer avant que de les envoyer à la fonte. Pour le public, l'habitude de mettre entre les mains de nos enfants des ouvrages qui ne fatiguent déjà que trop leur imbécillité par leurs épines, sans y ajouter des vices typographiques qui les arrêtent à chaque ligne. Hélas ! les pauvres innocents, on les réprimande souvent pour des fautes dont il aurait fallu châtier l'imprimeur ou l'éditeur. Mais que dire à ceux-ci lorsque le mépris de l'institution de la jeunesse, qui se remarque parmi nous jusque dans les petites choses, ne veut que des maîtres à cent écus de gages et des livres à quatre sous ? Cependant en répandant la dépense d'une pistole de plus sur un intervalle de sept ou huit ans d'étude, les jeunes gens auraient des livres bien conditionnés et faits avec soin, et le magistrat serait autorisé à envoyer au pilori toutes ces éditions rebutantes pour les élèves et déshonorantes pour l'art. Des valets tout chamarrés de dorures et des enfants sans souliers et sans livres, nous voilà ! Nos voisins d'au delà de la Manche l'entendent un peu mieux. J'ai vu les auteurs classiques à l'usage des colléges de Londres, de Cambridge et d'Oxford, et je vous assure que les éditions dont nos savants se contentent ici, ne sont ni plus belles ni plus exactes.

Je n'ignore pas que des imprimeurs de notre temps ont consacré des sommes considérables aux éditions des anciens auteurs ; mais je sais aussi que plusieurs s'y sont ruinés, et il faut attendre comment leurs imitateurs heureux ou téméraires s'en tireront.

Mais j'accorde, nonobstant l'expérience faite sur les livres classiques et la multitude des contrefaçons, que l'effet de la concurrence supplée à celui de la propriété et qu'on obtienne autant et plus de la permission libre et générale que du privilége exclusif ; qu'en résultera-t-il ? A peu près le bénéfice d'un cinquième. Et sur quels ouvrages ? Sera-ce sur le *Coutumier général ?* sur le *Journal des audiences ?* sur les *Pères de l'Église ?* sur les mémoires des académies ? sur les grands corps d'histoire ? sur les entreprises qui demandent des avances de 100 000 francs, de 50 000 écus, et dont les éditions s'épuisent à peine dans l'espace de quarante à cinquante ans ? Vous voyez bien que ce serait une folie de l'espérer. Ce ne sera donc pas l'ouvrage de dix à vingt pistoles que la permission libre et générale fera baisser. La concurrence et son effet ne tomberont que sur les petits auteurs, c'est-à-dire que le commerçant pauvre sera forcé de sacrifier son profit journalier à la promptitude du débit et n'en deviendra que plus pauvre, et que le libraire aisé, privé de ses rentrées courantes qui sont attachées aux sortes médiocres et nullement aux ouvrages de prix, cessera de publier ces derniers dont la rareté et la valeur iront toujours en croissant, et que pour m'épargner cinq sols, vous m'aurez constitué dans la dépense d'une pistole. Et puis, monsieur, toujours des faits à l'appui de mes raisons.

La dernière édition de la *Coutume de Normandie* de Basnage, qui appartient à la librairie de Rouen, a été faite en 1709, et manque depuis trente ans. Ce sont deux petits in-folio assez minces dont le premier prix a été de quarante francs au plus, et qu'on paye aujourd'hui dans les ventes depuis quatre-vingts jusqu'à quatre-vingt-dix francs.

La *Coutume de Bourgogne* du président Bouhier, dont l'édition s'épuise et le prix augmente, parce qu'on sait que le libraire de Dijon ne se dispose pas à la réimprimer, se vendait originairement quarante-huit livres, et se porte maintenant dans les ventes depuis cinquante-quatre livres jusqu'à soixante livres.

La *Jurisprudence* de Ducasse, volume in-quarto que le libraire de Toulouse a laissé manquer, et qu'on n'achetait d'abord que neuf livres, se paye aux ventes depuis quinze livres jusqu'à seize livres.

On n'en remporte pas non plus la *Coutume de Senlis*, volume in-quarto, à moins de seize livres à dix-huit livres.

La librairie de Paris, qui, malgré les difficultés qu'elle a trouvées dans le maintien des lois qui la soutenaient, n'a pas laissé tomber les livres nécessaires, et dont les presses nous ont fourni plus de vingt volumes in-folio, seulement de jurisprudence depuis dix ans, préparait une édition nouvelle des *Ordonnances de Néron*, en quatre volumes in-folio. La collection des matériaux lui avait coûté plus de dix mille francs. Malgré ces avances, l'arrêt du Conseil prononcé en faveur des demoiselles de La Fontaine l'a découragée, et elle a abandonné une entreprise dont elle aurait supporté tout le fardeau et dont le bénéfice irait à d'autres, si l'on se croyait en droit de disposer d'un privilége et s'il n'y avait plus d'ouvrages dont la propriété fût assurée.

Cependant cet auteur, qui ne forme actuellement que deux volumes in-folio, valait soixante livres, avant le projet de la nouvelle édition, et il n'y a pas d'apparence que l'abandon prudent de ce projet le fasse baisser de prix.

Voilà, monsieur, le sort qu'auront tous les grands ouvrages à mesure qu'ils manqueront. Si je ne vous ai cité que de ceux qui sont à l'usage de la France, c'est que l'étranger, qui ne les réimprimera pas, ne nous laissera pas manquer des autres en payant, et, quoique le mal soit général, c'est surtout dans les choses qui nous sont propres qu'il se fera sentir.

Un projet solide est celui qui assure à la société et aux particuliers un avantage réel et durable; un projet spécieux est celui qui n'assure, soit à la société, soit aux particuliers, qu'un avantage momentané, et le magistrat imprudent est celui qui n'aperçoit pas les suites fâcheuses de ce dernier et qui, trompé par l'appât séduisant de faire tomber de prix la chose manufacturée, soulage l'acheteur pour un instant et ruine le manufacturier et l'État.

Mais laissons là pour un moment le commerce du libraire et sa chose pour tourner les yeux sur le nôtre. Considérons le bien général sous un autre point de vue, et voyons quel sera l'effet ou de l'abolition des priviléges, ou de leurs translations arbitraires, ou des permissions libres sur la condition des littérateurs, et par contre-coup sur celle des lettres.

Entre les différentes causes qui ont concouru à nous tirer de la barbarie, il ne faut pas oublier l'invention de l'art typographique. Donc, décourager, abattre, avilir cet art, c'est travailler à nous y replonger et faire ligue avec la foule des ennemis des connaissances humaines.

La propagation et les progrès de la lumière doivent aussi beaucoup à la protection constante des souverains, qui s'est manifestée en cent manières diverses, entre lesquelles il me semble qu'il y aurait ou bien de la prévention ou bien de l'ingratitude à passer sous silence les sages règlements qu'ils ont institués sur le commerce de la librairie, à mesure que les circonstances fâcheuses qui le troublaient les ont exigés.

Il ne faut pas un coup d'œil ou fort pénétrant ou fort attentif, pour discerner entre ces règlements celui qui concerne les priviléges de librairie amenés successivement à n'être que la sauvegarde accordée par le ministre au légitime propriétaire contre l'avidité des usurpateurs toujours prêts à lui arracher le prix de son acquisition, le fruit de son industrie, la récompense de son courage, de son intelligence et de son travail.

Mais quelles que soient la bonté et la munificence d'un prince ami des lettres, elles ne peuvent guère s'étendre qu'aux talents communs. Or, combien de tentatives malheureuses avant que de sortir de l'obscurité et d'avoir acquis cette célébrité qui attire les regards et les récompenses des souverains ? Encore une fois, monsieur, il faut toujours considérer les choses d'origine, parce que c'est le sort commun des hommes de n'être rien avant d'être quelque chose, et qu'il serait même à souhaiter que les honneurs et la fortune suivissent d'un pas égal les progrès du mérite et des services, quoique le début dans la carrière soit le temps important et difficile de la vie.

Un homme ne reconnaît son genre qu'à l'essai; l'aiglon tremble comme la jeune colombe au premier instant où il déploie ses ailes et se confie aux vagues de l'air. Un auteur fait un premier ouvrage, il n'en connaît pas la valeur ni le libraire non plus; si le libraire nous paye comme il veut, en revanche nous lui vendons ce qu'il nous plaît. C'est le succès qui instruit le commerçant et le littérateur ; ou l'auteur s'est associé avec le commerçant, mauvais parti; il suppose trop de confiance d'un côté, trop de probité de l'autre ; — ou il a cédé sans retour la propriété de son travail à un prix qui ne va pas loin, parce qu'il se fixe et doit se fixer sur l'incertitude de la réussite. Cependant, il faut avoir été à ma place, à la place d'un jeune homme qui recueille pour la première fois un modique tribut de quelques journées de méditation; sa joie ne se comprend pas ni l'émulation qu'il en reçoit ; si quelques applaudissements du public viennent se joindre à cet avantage, si quelques jours après son début il revoit son libraire et qu'il le trouve poli, honnête, affable, caressant, l'œil serein, qu'il est satisfait! De ce moment son ta-

4

lent change de prix, et, je ne saurais vous le dissimuler, l'accroissement en valeur commerçante de sa seconde production n'a nul rapport avec la diminution du hasard ; il semble que les libraires, jaloux de conserver l'homme, calculent d'après d'autres éléments. Au troisième succès tout est fini ; l'auteur fait peut-être encore un mauvais traité, mais il le fait à peu près tel qu'il veut. Il y a des hommes de lettres à qui leur travail a produit dix, vingt, trente, quatre-vingt, cent mille francs. Moi, qui ne jouis que d'une considération commune et qui ne suis pas âgé, je crois que le fruit de mes occupations littéraires irait bien à quarante mille écus. On ne s'enrichirait pas, mais on acquerrait de l'aisance si ces sommes n'étaient pas répandues sur un grand nombre d'années, ne s'évanouissaient pas à mesure qu'on les perçoit et n'étaient pas dissipées lorsque les années sont venues, les besoins accrus, les yeux éteints et l'esprit usé. Cependant, c'est un encouragement, et quel est le souverain assez riche pour y suppléer par ses libéralités ? Mais ces traités n'ont quelques avantages pour l'auteur qu'en vertu des lois qui assurent au commerçant la possession tranquille et permanente des ouvrages qu'il a acquis. Abolissez ces lois, rendez la propriété de l'acquéreur incertaine, et cette police mal entendue retombera en partie sur l'auteur. Quel parti tirerai-je de mon ouvrage, surtout si ma réputation n'est pas faite, comme je le suppose, lorsque le libraire craindra qu'un concurrent, sans courir le hasard de l'essai de mon talent, sans risquer les avances d'une première édition, sans m'accorder aucun honoraire, ne jouisse incessamment, au bout de six ans, plus tôt s'il l'ose, de son acquisition ?

Les productions de l'esprit rendent déjà si peu ! si elles rendent encore moins, qui est-ce qui voudra penser ? — Ceux que la nature y a condamnés par un instinct insurmontable qui leur fait braver la misère ? Mais ce nombre d'enthousiastes, heureux d'avoir le jour du pain et de l'eau, la nuit une lampe qui les éclaire, est-il bien grand ? est-ce au mi-

nistère à les réduire à ce sort? S'il s'y résout, aura-t-il beaucoup de penseurs? Quelle différence y aura-t-il entre lui et
un pâtre qui mène des bestiaux?

Il y a peu de contrées en Europe où les lettres soient plus
honorées, plus récompensées qu'en France. Le nombre des
places destinées aux gens de lettres y est très-grand, heureux
si c'était toujours le mérite qui y conduisît! Mais, si je ne
craignais d'être satirique, je dirais qu'il y en a où l'on exige
plus scrupuleusement un habit de velours qu'un bon livre.
Les productions littéraires ont été distinguées par le légis-
lateur des autres possessions; la loi a pensé à en assurer
la jouissance à l'auteur; l'arrêt du 21 mars 1749 les déclare
non saisissables. Que devient cette prérogative si les vues
nouvelles prévalent? Quoi! un particulier aliène à perpétuité
un fonds, une maison, un champ, il en prive ses héritiers,
sans que l'autorité publique lui demande compte de sa conduite, il en tire toute la valeur, se l'applique à lui-même
comme il lui plaît, et un littérateur n'aura pas le même droit?
il s'adressera à la protection du souverain pour être main-
tenu dans la plus légitime des possessions; et le roi, qui ne
la refuse pas au moindre de ses sujets quand elle ne préjudicie à personne, la limitera à un certain intervalle de temps, à
l'expiration duquel un ouvrage qui aura consumé son bien, sa
santé, sa vie, et qui sera compté au nombre des monuments
de la nation, s'échappera de son héritage, de ses propres
mains, pour devenir un effet commun? et qui est-ce qui
voudra languir dans l'indigence pendant les années les plus
belles de sa vie et pâlir sur des livres à cette condition?
Quittons le cabinet, mes amis, brisons la plume et prenons
les instruments des arts mécaniques, si le génie est sans
honneur et sans liberté.

L'injustice se joint ici à une telle absurdité, que si je ne
m'adressais à un homme qu'on obsède, qui ne se doute point
des projets qu'on a, à qui les sollicitations sont portées de
la ville et de la province, je cesserais de traiter cette ma-

tière. Les autres croiront certainement que je me fais des
fantômes pour le plaisir de les combattre.

Mais, direz-vous, lorsque vous avez aliéné votre ouvrage,
que vous importe que le ministère prenne connaissance de
vos intérêts négligés et vous venge d'un mauvais traité où
l'adresse et l'avidité du commerçant vous ont surpris?... Si
j'ai fait un mauvais traité, c'est mon affaire. Je n'ai point été
contraint; j'ai subi le sort commun, et si ma condition est
mauvaise, espérez-vous la rendre meilleure en me privant
du droit d'aliéner et en anéantissant l'acte de ma cession
entre les mains de mon acquéreur? Avez-vous prétendu que
cet homme compterait la propriété pour rien? Et s'il y
ajoute quelque valeur, ne diminuera-t-il pas mes honoraires
en raison de cette valeur? Je ne sais à qui vous en voulez;
parlez de votre amour prétendu pour les lettres tant qu'il
vous plaira, mais c'est sur elles que vous allez frapper.

Vous avez rappelé dans votre sein, par la douceur de votre
administration, par vos récompenses, par des honneurs, par
toutes les voies imaginables, les lettres que l'intolérance et
la persécution en avaient égarées. Craignez de les égarer une
seconde fois; votre ennemi fait des vœux pour que l'esprit
de vertige s'empare de vous, que vous preniez une verge de
fer et que vos imprudences multipliées lui envoient un petit
nombre de lettrés qu'il vous envie. Ils iront, c'est moi qui
vous en avertis, et bien plus fortement que moi les proposi-
tions avantageuses qu'on leur fait et qu'ils ont encore le courage de rejeter. Parce que les taureaux ont des cornes et
qu'ils entrent quelquefois en fureur, serez-vous assez vils et
assez bêtes pour ne vouloir plus commander qu'à des bœufs?
Vous n'avez pas de sens, vous ne savez ce que vous voulez.

Vous ajoutez que la perpétuité du privilége laissant le
commerçant maître absolu du prix de son livre, il ne man-
quera pas d'abuser de cet avantage. Si votre commerçant
ignore que son intérêt réel est dans la consommation rapide
et dans la prompte rentrée de ses fonds, il est le plus imbé-

cile des commerçants. D'ailleurs, protégez les privilégiés
tant qu'il vous plaira ; ajoutez des punitions infamantes aux
peines pécuniaires portées par les règlements ; dressez même
des gibets, et la cupidité du contrefacteur les bravera. Je
vous l'ai déjà dit et l'expérience avant moi, mais rien ne
vous instruit. Je défie un libraire de porter un ouvrage
au delà d'un prix qui compense les hasards du contrefacteur et les dépenses de l'étranger, sans que, malgré toute sa
vigilance appuyée de toute l'autorité du magistrat, il n'en
paraisse trois ou quatre contrefaçons dans l'année. Rappelez-
vous qu'il ne s'agit ici que d'ouvrages courants et qui ne demandent qu'un coup de main.

Je pourrais proposer au magistrat, à qui il est de règle de
présenter le premier exemplaire d'un livre nouveau, d'en
fixer lui-même le prix ; mais cette fixation, pour être équi-
table, suppose des connaissances de détail qu'il ne peut ni
avoir, ni acquérir ; il est presque aussi sûr et plus court de
s'en rapporter à l'esprit du commerce. J'ajouterai peut-être
qu'entre ces sortes les livres du plus haut prix ne sont
pas aux privilégiés, mais je ne veux indisposer personne.

On dit encore : lorsqu'un libraire a fait un lucre honnête
sur un ouvrage, n'est-il pas juste qu'un autre en profite ? Et
pourquoi n'en gratifierait-on pas celui qui l'a bien mérité
par quelque grande entreprise ?

En vérité, je ne sais pourquoi je m'occupe à répondre sérieusement à des questions qui ne peuvent être suggérées
que par la stupidité la plus singulière ou l'injustice la plus
criante ; mais si ce n'est pas à la chose, c'est au nombre qu'il
faut avoir égard.

1° L'imprimerie et la librairie ne sont pas de ces états de
nécessité première auxquels on ne peut appliquer trop
d'hommes. Si quatre cents libraires suffisent en France, il
serait mal d'y en entretenir huit cents aux dépens d'un
moindre nombre. Louis XIV a tenu pendant vingt ans la
porte de cette communauté fermée. Il fixa le nombre des

imprimeurs. Le monarque régnant, d'après les mêmes vues,
a interrompu les apprentissages pendant trente autres années. Quelle raison a-t-on d'abandonner cette police ? Qu'on
laisse les choses dans l'état où elles sont et qu'on n'aille pas
dépouiller ceux qui ont placé leurs fonds dans ce commerce
en leur donnant des associés , ou qu'en abolissant toutes les
corporations à la fois, il soit libre à chacun d'appliquer ses
talents et son industrie comme il sera poussé par la nature
et par l'intérêt ; qu'on s'en rapporte aux seuls besoins de la
société, qui saura bien, sans que personne s'en mêle, dans
quelque profession que ce soit, suppléer les bras nécessaires
ou retrancher les superflus. J'y consens, cela me convient à
moi et à tous ceux à qui la moindre étincelle de la lumière
présente est parvenue ; mais malheureusement il y a bien
des conditions préliminaires à cet établissement.

J'aurai, si je ne me trompe, occasion d'en dire un mot à
l'occasion de cette foule d'intrus qu'on protége sans réfléchir
à ce qu'on fait.

2° Mais parce qu'un libraire aurait perçu, je ne dis pas
un lucre honnête, mais un profit énorme d'une entreprise,
serait-ce une raison pour l'en dépouiller ? Cela fait rire.
C'est précisément comme si un citoyen qui n'aurait pas de
maison sollicitait celle de son voisin que cette propriété aurait suffisamment enrichi.

3° Pour évaluer les avantages d'un commerçant sur une
entreprise qui lui succède, ne faut-il pas mettre en compte
les pertes qu'il a faites sur dix autres qui ont manqué ? Mais
comment connaître ces deux termes qu'il faut compenser
l'un par l'autre ? C'est, monsieur, par la fortune des particuliers. Voilà la seule donnée et elle suffit. Or, je le dis, je le
répète, et aucun d'eux ne m'en dédira, quelque contraire
que cela soit à leur crédit : la communauté des libraires est
une des plus misérables et des plus décriées, ce sont presque
tous des gueux. Qu'on m'en cite une dizaine sur trois cent
soixante qui aient deux habits, et je me charge de démon-

trer qu'il y en a quatre sur ces dix dont la richesse n'a rien de commun avec les priviléges.

4° Si vous croyez, monsieur, que ces priviléges tant enviés soient la propriété d'un seul, vous vous trompez ; il n'y en a presque point de quelque valeur qui ne soit commun à vingt ou vingt-cinq personnes, et il faut savoir quelle misère c'est quand il s'agit d'obtenir de chacun la quotité de dé-pense proportionnée à sa part dans les cas de réimpressions. Un fait, monsieur, c'est que la compagnie des associés du Ra-cine in-quarto, après dix ans, n'a pu encore se liquider avec l'imprimeur. C'est pourtant du Racine que je vous parle, oui, monsieur, du Racine ! Il ne se passe presque pas une année sans qu'il se vende quelques-unes de ces parts à la Chambre, que les promoteurs des nouvelles vues s'y rendent, qu'ils s'en fassent adjudicataires et qu'ils possèdent sans rapine et sans honte un bien qu'on n'enlèverait que de force aux proprié-taires et dont ils ne se verraient point dépouillés sans douleur.

Et surtout qu'on ne me parle pas de la gratification d'un citoyen qu'on revêt de la dépouille d'un autre, c'est profaner la langue de l'humanité et de la bienfaisance en la mettant sur les lèvres de la violence et de l'injustice. J'en appelle à tout homme de bien : s'il avait eu le bonheur de bien méri-ter de sa nation, souffrirait-il qu'on reconnût ses services d'une manière aussi atroce ?

Je ne puis m'empêcher de porter ici la parole aux demoi-selles de La Fontaine et de leur faire une prédiction qui ne tardera guère de se vérifier. Elles ont imaginé sans doute, sur le mérite de l'ouvrage de leur aïeul, que le ministère les avait gratifiées d'un présent important. Je leur annonce que, malgré toute la protection possible, elles seront contrefaites en cent endroits, qu'à moins qu'elles ne l'emportent sur le manufacturier régnicole ou étranger par quelque édition merveilleuse et conséquemment d'un grand prix et d'un dé-bit très-étroit qui attire de préférence l'homme de luxe ou le littérateur curieux, le libraire de Paris et celui de province s'adresseront au contrefacteur, ne fût-ce que par ressentiment ; qu'un effet précieux dépérira entre leurs mains ; qu'elles chercheront à s'en défaire ; qu'on n'en voudra qu'à vil prix, parce qu'on ne comptera pas plus sur leur cession que sur celle de leur aïeul ; que cependant, comme il y a de la canaille dans tous les corps et qu'elle ne manque pas dans la librairie, il se trouvera un particulier sans honneur et sans fortune qui se déterminera à acquérir d'elles, et que cet homme, haï et perdu, n'aura jamais la jouissance paisible et lucrative de sa possession.

Cependant, continuez-vous, il y a de votre aveu des ouvrages importants qui manquent et dont nous avons besoin ; comment en obtiendrons-nous les réimpressions ?

Comment ? je ne balance pas à vous le dire ; en raffermissant les priviléges assemblés, en maintenant les lois de cette propriété. Poursuivez sévèrement les contrefacteurs, portez-vous avec un front terrible dans les cavernes de ces voleurs clandestins. Puisque vous tirez des subsides considérables des corporations, et que vous n'avez ni la force ni le moyen de les anéantir ; puisque vous avez assez de justice pour sentir qu'en les privant des droits que vous leur avez accordés, il ne faut pas les laisser sous le poids des dettes qu'elles ont contractées dans vos besoins urgents ; puisque vous n'êtes pas en état de payer ces dettes, puisque vous continuez à leur vendre vos pernicieuses faveurs, soutenez-les du moins de toute votre force, jusqu'à ce que vous ayez dans vos coffres de quoi les dissoudre. Sévissez contre des intrus qui se mêlent de leur commerce et qui leur enlèvent leurs avantages sans partager leurs charges ; que ces intrus n'obtiennent point vos priviléges, que les maisons royales ne leur servent plus d'asile, qu'ils ne puissent introduire ni dans la capitale ni dans les provinces des éditions contrefaites ; remédiez sérieusement à ces abus et vous trouverez des compagnies prêtes à seconder vos vues. N'attendez rien d'important de vos protégés subalternes ; mais rien, je vous le dis, et moins

encore d'un commerçant qui luttera contre l'indigence et à
qui vous imposeriez vainement un fardeau supérieur à ses
forces. C'est une terre effritée à laquelle vous demandez du
fruit en la sevrant de ses engrais ordinaires. Que diriez-vous,
monsieur, d'un marchand qui vous vendrait chèrement, et
qui entretiendrait encore à sa porte un voleur pour vous
dépouiller au sortir de chez lui ? c'est ce que vous faites.

Notre position, me direz-vous, est embarrassante ; je le
sais. Mais c'est vous-mêmes qui vous y êtes mis par mauvaise
politique, c'est votre indigence qui vous y retient. Il ne faut
pas châtier l'innocent des fautes que vous avez faites et
m'arracher d'une main ce que vous continuez de me vendre
de l'autre. Mais, encore une fois, l'abolissement des corporations, quand vous en seriez le maître demain, n'a rien de
commun avec les priviléges. Ce sont des objets si confondus
dans votre esprit que vous avez peine à les séparer. Quand
il serait libre à tout le monde d'ouvrir boutique dans la rue
Saint-Jacques, l'acquéreur d'un manuscrit n'en serait pas
moins un vrai propriétaire, en cette qualité, un citoyen sous
la sauvegarde des lois, et le contrefacteur un voleur à poursuivre selon toute leur sévérité.

Plus l'état actuel de l'imprimerie et de la librairie serait
exposé avec vérité, moins il paraîtrait vraisemblable. Permettez, monsieur, que je vous suppose un moment imprimeur ou libraire. Si vous vous êtes procuré un manuscrit à
grands frais, si vous en avez sollicité le privilége, qu'on vous
l'ait accordé, que vous ayez mis un argent considérable à
votre édition. rien épargné, ni pour la beauté du papier, ni
pour celle des caractères, ni pour la correction, et qu'au
moment où vous paraîtrez vous soyez contrefait et qu'un
homme à qui la copie n'a rien coûté vienne débiter sous vos
yeux votre propre ouvrage en petits caractères et en mauvais
papier, que penserez-vous ? que direz-vous ? Mais s'il arrive
que ce voleur passe pour un honnête homme et pour un bon
citoyen, si les supérieurs l'exhortent à continuer, si, autorisé

par les règlements à le poursuivre, vous êtes croisé par les
magistrats de sa ville, s'il vous est impossible d'en obtenir
aucune justice, si les contrefaçons étrangères se joignent aux
contrefaçons du royaume, si un libraire de Liége écrit im-
pudemment à des libraires de Paris qu'il va publier le
Spectacle de la nature, qui vous appartient, ou quelques-uns
des *Dictionnaires portatifs*, dont vous aurez payé le privilége
une somme immense, et que pour en faciliter le débit il y
mettra votre nom, s'il s'offre à vous les envoyer, s'il se
charge de les rendre où l'on jugera à propos, à la porte de
votre voisin sans passer à la chambre syndicale, s'il tient
parole, si ces livres arrivent, si vous recourez au magistrat
et qu'il vous tourne le dos, ne serez-vous pas consterné,
découragé, et ne prendrez-vous pas le parti ou de rester
oisif, ou de voler comme les autres?

Et si dans ce découragement où vous seriez tombé vous-
même à la place du commerçant il arrivait, monsieur, que
quelque innovation mal entendue, suggérée par un cerveau
creux et adoptée par un magistrat à tête étroite et bornée se
joignît aux dégoûts que l'imprimerie, et la librairie, et les
lettres ont déjà soufferts, et les bannît de la France, voilà vos
doreurs, vos relieurs, vos papetiers et d'autres professions liées
à celles-ci ruinées. C'est fait de la vente de vos peaux, matières premières que l'étranger saura bien tirer du royaume,
lorsque le prix en sera baissé, et vous renvoyer toutes
fabriquées, comme il a déjà commencé de le faire. Ces suites
ne vous paraissent-elles pas inévitables lorsque vos imprimeurs et vos libraires, hors d'état de soutenir leur commerce et leurs manufactures, en seront réduits aux petits
profits de la commission?

Et ne vous flattez pas, monsieur, que le mal soit fort éloigné! Déjà la Suisse, Avignon et les Pays-Bas, qui n'ont point
de copie à payer et qui fabriquent à moins de frais que vous,
se sont approprié des ouvrages qui n'auraient dû être et
qui n'ont jamais été imprimés qu'ici.

Avignon surtout, qui n'avait, il y a dix ans, que deux imprimeries languissantes, en a maintenant trente très-occu-
pées. Est-ce qu'on écrit à Avignon ? Cette contrée s'est-elle
policée ? Y a-t-il des auteurs, des gens de lettres ? Non, monsieur ; c'est un peuple tout aussi ignorant, tout aussi hébété
qu'autrefois ; mais il profite de l'inobservation des règlements
et inonde de ses contrefaçons nos provinces méridionales.
Ce fait n'est point ignoré. S'en alarme-t-on ? Aucunement.
Est-ce qu'on s'alarme de rien ? Mais il y a pis, vos libraires
de Paris, monsieur, oui, vos libraires de Paris, privés de
cette branche de commerce, soit lâcheté, soit misère, ou
toutes les deux, prennent partie de ces éditions. Quant à ceux
de province, hélas ! c'est presque inutilement qu'on ouvrirait aujourd'hui les yeux qu'on a tenus si longtemps fermés
sur leurs contraventions ; ils ne se donnent plus la peine de
contrefaire. Ce vol ne leur est plus assez avantageux, ils suivent l'exemple de la capitale et acceptent les contrefaçons
étrangères.

Et ne croyez pas que j'exagère. Un homme que je ne nom-
merai pas, par égard pour son état et pour son mérite per-
sonnel, avait conseillé aux imprimeurs de Lyon de contrefaire l'*Histoire ecclésiastique* de Racine, en quatorze volumes
in-douze ; il oubliait en ce moment qu'il en avait coûté aux
propriétaires et privilégiés des sommes considérables pour
le manuscrit et pour l'impression. Le contrefacteur, avec
moins de conscience, n'était pas parfait pour avoir plus de
mémoire. Cependant, la contrefaçon et le vol conseillé n'ont
pas eu lieu. Une édition d'Avignon a arrêté tout court le
libraire de Lyon qui s'est applaudi, parce qu'il a mieux trouvé
son compte à prendre partie de la contrefaçon étrangère.

Mais un moment de persécution et de désordre, et chaque
libraire se pourvoira au loin, selon son débit, ne s'exposant
plus à perdre les avances de sa manufacture. Que peut-il
faire de plus prudent ? Mais l'État s'appauvrira par la perte
des ouvriers et la chute des matières que votre sol produit,

vous enverrez hors de vos contrées l'or et l'argent que votre sol ne produit pas.

Mais, monsieur, ne vous êtes-vous jamais informé de la nature des échanges du libraire français avec le libraire étranger? Ce ne sont, le plus souvent, que de mauvais livres qu'on donne pour d'aussi mauvais qu'on reçoit, des maculatures qui circulent dix fois de magasins en magasins avant que d'arriver à leur vraie destination, et cela après des frais énormes de ports et de voitures, qui ne rentrent plus. Loin donc de songer à étendre la concurrence, il serait peut-être mieux de porter l'exclusif jusqu'aux ouvrages imprimés pour la première fois chez l'étranger. Je dis peut-être et je dirais sûrement, s'il était possible d'obtenir la même justice de lui; mais il n'y faut pas penser. Les commerçants d'une nation sont et seront toujours en état de guerre avec les commerçants d'une autre. L'unique ressource est donc de fermer l'entrée à leurs éditions, d'accorder des priviléges pour leurs ouvrages au premier occupant, ou, si l'on aime mieux, de les traiter comme les manuscrits des auteurs anciens, dont on ne paye point d'honoraires et qui sont de droit commun, et d'imiter leur célérité à nous contrefaire. Voilà pour les livres qui ne contiennent rien de contraire à nos principes, à nos mœurs, à notre gouvernement, à notre culte, à nos usages. Quant aux autres, permettez que je renvoie mon avis à quelques lignes plus bas, où je parlerai des permissions tacites.

J'ai entendu dire : « Mais, puisqu'on ne peut empêcher l'étranger de nous contrefaire, pourquoi ne pas autoriser le régnicole? Voler pour voler, il vaut encore mieux que nos propriétaires le soient par un Français, leur voisin, que par un Hollandais. »

Non, monsieur, cela ne vaut pas mieux ; par quelque considération que ce soit, il ne faut pas encourager, au mépris des mœurs et des lois, les concitoyens à se piller les uns les autres. Mais encore une fois, faites de votre mieux par l'exécution stricte des règlements pour fermer l'entrée à toute contrefaçon étrangère. Que le Hollandais, le Genevois ou l'Avignonnais perde plus par la saisie d'une édition interceptée qu'il ne peut gagner sur dix qui passeront en fraude. Multipliez les hasards comme vous le devez, soutenez votre légitime commerçant de toute votre autorité et abandonnez le reste à sa vigilance et à son industrie. Aussitôt que son édition sera prête à paraître, ne doutez pas que ses correspondants n'en soient informés aux deux extrémités du royaume; que la plus grande partie de son édition ne soit placée; que ce correspondant pressé de jouir de notre impatience, incertain qu'il puisse se pourvoir au loin, et presque sûr d'être saisi et châtié s'il vend une édition contrefaite, n'accepte que le papier manufacturé du libraire de la capitale, et que le commerçant étranger n'envoie que bien rarement dans vos provinces une marchandise dont elles seront fournies.

Mais si nous ne prenons pas ses livres, il ne prendra pas les nôtres.... Et vous ne pensez pas que c'est votre bien qu'il vous envoie; il n'a rien qui soit à lui, il produit à peine une misérable brochure dans une année.

Voilà, monsieur, ce que j'avais à vous dire des priviléges de la librairie; je peux m'être trompé à quelques points, mais de peu d'importance; avoir donné à certaines raisons plus de poids qu'elles n'en ont; n'être pas encore assez profondément initié dans la profession pour atteindre à une juste évaluation des avantages ou désavantages; mais je suis sûr de ma sincérité et non de mes lumières. Je n'ai ni dans cette affaire ni dans aucune autre de ma vie consulté mon intérêt particulier aux dépens de l'intérêt général; aussi ai-je la réputation d'homme de bien, et je ne suis pas fort riche.

D'où je conclus, pour terminer ce point que j'ai traité le plus au long parce qu'il m'a semblé le plus important :

1º Que les lois établies successivement depuis deux siècles, en connaissance de cause, inspirées par des inconvénients très-réels que je vous ai exposés à mesure qu'ils y donnaient lieu, maintenues en partie sous un règne par l'autorité de Louis XIII, du cardinal de Richelieu et de ses successeurs au ministère, devenues générales sous le règne suivant par l'autorité de Louis XIV, du chancelier Séguier et de Colbert, lois dont vous devez connaître à présent toute la nécessité, si vous voulez conserver quelque splendeur à votre librairie, à votre imprimerie et à votre littérature, soient à jamais raffermies ;

2° Que conformément aux lettres patentes du 20 décembre 1649, 27 janvier 1665 et aux différents arrêts donnés en conséquence par Louis XIV et le souverain régnant, spécialement au règlement du 28 février, articles premier et suivants, les priviléges soient regardés comme de pures et simples sauvegardes; les ouvrages acquis comme des propriétés inattaquables, et leurs impressions et réimpressions continuées exclusivement à ceux qui les ont acquis, à moins qu'il n'y ait dans l'ouvrage même une cause dérogatoire;

3° Que la translation ou le partage ne s'en fassent jamais que dans le cas unique où le légitime possesseur le laisserait librement et sciemment en non-valeur.

4° Que ces priviléges et les permissions continuent à être portées sur le registre de la Chambre syndicale de Paris ;

5° Que le syndic soit autorisé comme de raison à suspendre l'enregistrement, quand il y sera fait opposition, ou qu'il connaîtra que le privilége présenté préjudicie aux droits d'un tiers, et ce jusqu'à la décision du chancelier;

6° Que les livres étrangers susceptibles de priviléges et d'autorisation publique appartiennent au premier occupant comme un bien propre, ou soient déclarés de droit commun, comme on le jugera plus raisonnable ;

7° Que les lois sur l'entrée de ces livres dans le royaume, et notamment l'article 92 du règlement de 1723, soient rigoureusement exécutés, et qu'il n'en passe aucun qui ne soit déchargé, dans les chambres syndicales où les ballots doivent s'arrêter ;

8° Qu'il soit pris à l'avenir toutes les précautions convenables pour que ces ballots ne soient pas divertis frauduleusement, comme il est arrivé par le passé.

Qué quant au commerce de la librairie d'Avignon, contre lequel on n'a point encore imaginé de moyens suffisants, il soit défendu de sortir aucun livre du Comtat, sans un acquit à caution pris au bureau des fermes du roi, d'où il serait envoyé toutes les semaines au Chancelier un état et catalogue des livres contenus dans les ballots; que ces acquits soient visés au bureau des Noues pour être déchargés à Aix après la visite des syndics et adjoints, ou au bureau de Tulette pour être déchargés à Valence par l'imprimeur des fermes, assisté d'ùn premier commis; ou au bureau de Villeneuve, pour être déchargés à Lyon ou à Montpellier, suivant leurs différentes destinations, après la visite des syndics et adjoints; que tous les ballots qui arriveront d'Avignon dans le royaume par d'autres voies ou sans un acquit à caution, visé comme il est dit, soient saisissables par un inspecteur ambulant sur la frontière, préposé par le fermier commis à cet effet, et chargé d'envoyer au chancelier l'état de ces livres saisis pour recevoir les ordres de ce magistrat, et les exécuter conformément aux règlements; que sur cet état les syndics et adjoints de la communauté de Paris soient appelés pour, sur leurs observations, statuer ce que de raison, etc., etc.

Il me semble, monsieur, que ces demandes sont également fondées sur la justice, les lois et le bien public, et que le seul moyen d'arrêter la ruine entière de la communauté est de rallumer quelque émulation dans des commerçants, que découragent l'inutilité de leurs efforts et les pertes journalières qu'ils essuient dans des entreprises qui leur avaient été lucratives et qui le redeviendront lorsque les règlements seront tenus en vigueur, et d'y faire droit, surtout si vous acquiescez à ce que je vais vous dire des permissions tacites.

Cet article est un peu plus délicat que le précédent, toutefois je vais m'en expliquer librement; vous laisserez là mon expression lorsqu'elle vous paraîtra outrée ou trop crue et vous vous arrêterez à la chose. Je vous dirai d'abord, monsieur : les vrais livres illicites, prohibés, pernicieux, pour un magistrat qui voit juste, qui n'est pas préoccupé de petites idées fausses et pusillanimes et qui s'en tient à l'expérience, ce sont les livres qu'on imprime ailleurs que dans notre pays et que nous, achetons de l'étranger tandis que nous pourrions les prendre chez nos manufacturiers, et il n'y en a point d'autres. Si l'on met entre l'autorisation authentique, publique et la permission tacite d'autres distinctions que celles de la décence qui ne permet pas qu'on attaque avec le privilége du roi ce que le roi et la loi veulent qu'on respecte; on n'y entend rien, mais rien du tout; et celui qui s'effarouche de ce début ne voit pas plus loin; cet homme n'est fait ni pour la magistrature ni pour mes idées. Mais si vous avez, monsieur, l'âme ferme que je vous crois et que vous m'écoutiez paisiblement, mon avis sera bientôt le vôtre; et vous prononcerez comme moi qu'il est presque impossible d'imaginer une supposition d'un cas où il faille refuser une permission tacite; car on n'aura certainement pas le front de s'adresser à vous pour ces productions infâmes dont les auteurs et les imprimeurs ne trouveront pas assez profondes les ténèbres où ils sont forcés de se réfugier, et qu'on ne publierait en aucun lieu du monde, ni à Paris, ni à Londres, ni à Amsterdam, ni à Constantinople, ni à Pékin, sans être poursuivi par la vengeance publique, et dont tout honnête homme rougirait de prononcer le titre.

Mais, me direz-vous, la permission tacite n'est-elle pas une infraction de la loi générale qui défend de rien publier sans approbation expresse et sans autorité? Cela se peut, mais l'intérêt de la société exige cette infraction, et vous vous y résoudrez parce que toute votre rigidité sur ce point n'empêchera pas le mal que vous craignez, et qu'elle vous ôterait le moyen de récompenser ce mal par un bien qui dépend de vous.

Quoi! je permettrai l'impression, la distribution d'un ouvrage évidemment contraire à un culte national que je crois
et que je respecte, et je consentirai le moins du monde qu'on
insulte à Celui que j'adore, en la présence duquel je baisse
mon front tous les jours, qui me voit, qui m'entend, qui me
jugera, qui me remettra sous les yeux cet ouvrage même....
Oui, vous y consentirez ; eh! ce Dieu a bien permis qu'il se
fît, qu'il s'imprimât, il est venu parmi les hommes et il s'est
laissé crucifier par les hommes.... moi qui regarde les mœurs
comme le fondement le plus sûr, peut-être le seul, du bonheur d'un peuple, le garant le plus évident de sa durée, je
souffrirai qu'on répande des principes qui les attaquent, qui
les flétrissent.... Vous le souffrirez.

J'abandonnerai à la discussion téméraire d'un fanatique,
d'un enthousiaste, nos usages, nos lois, notre gouvernement, les objets de la terre les plus sacrés, la sécurité de
mon souverain, le repos de mes concitoyens.... Cela est dur,
j'en conviens, mais vous en viendrez là, oui, vous en viendrez
là tôt ou tard, avec le regret de ne l'avoir pas osé plus tôt.

Il ne s'agit pas ici, monsieur, de ce qui serait le mieux, il
n'est pas question de ce que nous désirons tous les deux,
mais de ce que vous pouvez, et nous dirons l'un et l'autre
du plus profond de notre âme: « Périssent, périssent à jamais
les ouvrages qui tendent à rendre l'homme abruti, furieux,
pervers, corrompu, méchant! » Mais pouvez-vous empêcher
qu'on écrive? Non.... Eh bien! vous ne pouvez pas plus
empêcher qu'un écrit ne s'imprime et ne devienne en peu
de temps aussi commun et beaucoup plus recherché, vendu,
lu, que si vous l'aviez tacitement permis.

Bordez, monsieur, toutes vos frontières de soldats, armez-
les de baïonnettes pour repousser tous les livres dangereux
qui se présenteront, et ces livres, pardonnez-moi l'expression, passeront entre leurs jambes et sauteront par-dessus
leurs têtes et nous parviendront.

Citez-moi, je vous prie, un de ces ouvrages dangereux,

5

proscrit, qui, imprimés clandestinement chez l'étranger ou dans le royaume, n'ait été, en moins de quatre mois, aussi commun qu'un livre privilégié ? Quel livre plus contraire aux bonnes mœurs, à la religion, aux idées reçues de philosophie et d'administration, en un mot à tous les préjugés vulgaires, et par conséquent plus dangereux que les *Lettres persanes* ? que nous reste-t-il à faire de pis ? Cependant, il y a cent éditions des *Lettres persanes* et il n'y a pas un écolier des Quatre-Nations qui n'en trouve un exemplaire sur le quai pour ses douze sous. Qui est-ce qui n'a pas son Juvénal ou son Pétrone traduits ? Les réimpressions du *Décaméron*, de Boccace, des *Contes* de La Fontaine, des romans de Crébillon, ne sauraient se compter. Dans quelle bibliothèque publique ou particulière ne se trouvent pas les *Pensées sur la Comète*, tout ce que Bayle a écrit, l'*Esprit des lois*, le *Livre de l'esprit*, l'*Histoire des finances*, l'*Émile* de Rousseau, son *Héloïse*, son *Traité de l'inégalité des conditions*, et cent mille autres que je pourrais nommer ?

Est-ce que nos compositeurs français n'auraient pas aussi bien imprimé au bas de la première page : *Chez Merkus, à Amsterdam*, que l'ouvrier de Merkus ?

La police a mis en œuvre toutes ses machines, toute sa prudence, toute son autorité pour étouffer le *Despotisme oriental* de feu Boulanger et nous priver de la Lettre de Jean-Jacques à l'archevêque de Paris. Je ne connais pas une seconde édition du mandement de l'archevêque; mais je connais cinq ou six éditions de l'un et de l'autre ouvrage, et la province nous les envoie pour trente sous.

Le *Contrat social*, imprimé et réimprimé, s'est distribué pour un petit écu sous le vestibule du palais même du souverain.

Qu'est-ce que cela signifie ? C'est que nous n'en avons ni plus ni moins ces ouvrages ; mais que nous avons payé à l'étranger le prix d'une main-d'œuvre qu'un magistrat indulgent et meilleur politique nous aurait épargnée, et que nous avons été abandonnés à des colporteurs qui, profitant d'une curiosité doublée, triplée par la défense, nous ont vendu bien chèrement le péril réel ou prétendu qu'ils couraient à la satisfaire.

Entre les publications qui ne comportent que la permission tacite, il en faut distinguer de deux sortes : les unes d'auteurs étrangers et déjà publiés hors du royaume, les autres d'auteurs régnicoles, manuscrits ou publiés sous titre étranger.

Si l'auteur est un citoyen et que son ouvrage soit manuscrit, accueillez-le, profitez de la confiance qu'il vous montre en vous présentant un ouvrage dont il connaît mieux que vous la hardiesse, pour l'amener ou à la suppression totale par le respect qu'il doit aux usages de son pays et la considération de son propre repos, ou du moins à une forme plus modérée, plus circonspecte, plus sage. Il n'y a presque rien que vous ne puissiez obtenir du droit qu'il aura de faire imprimer à côté de lui, de relire les épreuves, de se corriger, et de la commodité qu'il trouvera sous votre indulgente protection de s'adresser à un commerçant qui lui fasse un parti honnête. C'est ainsi que vous conciliez autant qu'il est en vous deux choses trop opposées pour se proposer de les accorder parfaitement, vos opinions particulières et le bien public.

Si l'auteur, comme il peut arriver, ne veut rien sacrifier, s'il persiste à laisser son ouvrage tel qu'il l'a fait, renvoyez-le et l'oubliez, mais d'un oubli très-réel. Songez qu'après une menace ou le moindre acte d'autorité, vous n'en reverrez plus ; on négligera l'intérêt pour un temps et les productions s'en iront droit chez l'étranger, où les auteurs ne tarderont pas à se rendre. Eh bien! tant mieux, direz-vous, qu'ils s'en aillent. En parlant ainsi, vous ne pensez guère à ce que vous dites; vous perdrez les hommes que vous aviez, vous n'en aurez pas moins leurs productions, vous les aurez plus hardies, et si vous regardez ces productions comme une source de corruption, vous serez pauvres et abrutis et n'en serez pas moins corrompus....

Le siècle devient aussi trop éclairé.... ce n'est pas cela, c'est vous qui ne l'êtes pas assez pour votre siècle.... Nous n'aimons pas ceux qui raisonnent.... c'est que vous redoutez la raison.

Si l'ouvrage a paru, soit dans le royaume, soit chez l'étranger, gardez-vous bien de le mutiler d'une ligne ; ces mutilations ne remédient à rien, elles sont reconnues dans un moment, on appelle une des éditions la bonne et l'autre la mauvaise, on méprise celle-ci, elle reste, et la première qui est communément l'étrangère n'en est que plus recherchée ; pour quatre mots qui vous ont choqué, voilà votre manufacturier ruiné, et son concurrent étranger enrichi.

S'il n'y a point de milieu, comme l'expérience de tous les temps doit vous l'avoir appris, qu'un ouvrage quel qu'il soit sorte de vos manufactures ou qu'il passe à l'étranger et que vous l'achetiez de lui tout manufacturé, n'ayant rien à gagner d'un côté, l'intérêt du commerce à blesser de l'autre, autorisez donc votre manufacturier, ne fût-ce que pour sauver votre autorité du mépris et vos lois de l'infraction, car votre autorité sera méprisée et vos lois enfreintes, n'en doutez pas, toutes les fois que les hasards seront à peu près compensés par le profit, et il faut que cela soit toujours. Nous avons vu votre sévérité porter en vingt-quatre heures le prix d'un in-douze de trente-six sous à deux louis ; je vous prouverais qu'en cent occasions l'homme expose sa vie pour la fortune, la fortune est présente, le péril paraît éloigné, et jamais aucun magistrat n'aura l'âme assez atroce pour se dire : « Je prendrai, je brûlerai, j'enfermerai un citoyen, » aussi fermement, aussi constamment, que l'homme entreprenant s'est dit à lui-même : « Je veux être riche. » Et puis il n'y a aucun livre qui fasse quelque bruit dont il n'entre en deux mois, deux cents, trois cents, quatre cents exemplaires, sans qu'il y ait personne de compromis ; et chacun de ces exemplaires circulant en autant de mains, il est impossible qu'il ne se trouve un téméraire entre tant d'hommes avides de gain, sur un espace de l'étendue de ce royaume, et voilà l'ouvrage commun.

Si vous autorisez par une permission tacite l'édition d'un ouvrage hardi, du moins vous vous rendez le maître de la distribution, vous éteignez la première sensation, et je connais cent ouvrages qui ont passé sans bruit, parce que la connivence d'un magistrat a empêché un éclat que la sévérité n'aurait pas manqué de produire.

Si cet éclat a lieu, malgré toute votre circonspection, ne livrez point votre auteur, ce serait une indignité; n'abandonnez point votre commerçant qui ne s'est engagé que sous votre bon plaisir; mais criez, tonnez plus haut que les autres, ordonnez les plus terribles perquisitions, qu'elles se fassent avec l'appareil le plus formidable, mettez en l'air l'exempt, le commissaire, les syndics, la garde; qu'ils aillent partout de jour aux yeux de tout le monde et qu'ils ne trouvent jamais rien; il faut que cela soit ainsi; on ne peut pas dire à certaines gens et moins encore leur faire entendre que vous n'avez tacitement permis ici la publication de cet ouvrage que parce qu'il vous était impossible de l'empêcher ailleurs ou ici, et qu'il ne vous restait que ce moyen sûr de mettre à couvert, par votre connivence, l'intérêt du commerce; ceux d'entre eux qui paraîtront le plus vivement offensés du conseil que j'ose vous donner, sont ou de bons israélites qui n'ont ni vue ni expérience, ni sens commun; les autres des méchants très-profonds qui se soucient on ne peut pas moins de l'intérêt de la société, pourvu que le leur soit à couvert, comme ils l'ont bien fait voir en des occasions plus importantes. Écoutez-les, interrogez-les, et vous verrez qu'il ne tiendrait pas à eux qu'ils ne vous missent un couteau à la main pour égorger la plupart des hommes qui ont ou le bonheur ou le malheur de n'être pas de leur avis. Ce qu'il y a de singulier, c'est que depuis qu'ils existent ils s'arrogent, au mépris de toute autorité, la liberté de parler et d'écrire qu'ils veulent nous ôter, quoique leurs discours séditieux et leurs ouvrages extravagants et fanatiques soient les seuls qui jusqu'à présent aient troublé la tranquillité des États et mis en danger les têtes couronnées.

Cependant je n'exclus pas même leurs livres du nombre de ceux qu'il faut permettre tacitement; mais que le commerce de tous livres prohibés se fasse par vos libraires et non par d'autres. Le commerce de librairie fait par des particuliers sans état et sans fonds est un échange d'argent contre du papier manufacturé; celui de vos commerçants en titre est presque toujours un échange d'industrie et d'industrie, de papier manufacturé et de papier manufacturé.

Vous savez quel fut le succès du dictionnaire de Bayle quand il parut et la fureur de toute l'Europe pour cet ouvrage; qui est-ce qui ne voulut pas avoir un Bayle à quelque prix que ce fût? et qui est-ce qui ne l'eut pas malgré toutes les précautions du ministère? Les particuliers qui n'en trouvaient point chez nos commerçants s'adressèrent à l'étranger; l'ouvrage venait par des voies détournées et notre argent s'en allait. Le libraire, excité par son intérêt pallié d'une considération saine et politique, s'adressa au ministère et n'eut pas de peine à lui faire sentir la différence d'un commerce d'argent à papier, ou de papier à papier; le ministère lui répondit qu'il avait raison, cependant qu'il n'ouvrirait jamais la porte du royaume au Bayle. Cet aveu de la justesse de sa demande et ce refus décidé de la chose demandée l'étonna, mais le magistrat ajoute tout de suite : « C'est qu'il faut faire mieux, il faut l'imprimer ici; » et le Bayle fut imprimé ici.

Or, je vous demande à vous, monsieur, s'il était sage de faire en France la troisième ou la quatrième édition de Bayle; n'y eut-il pas de la bêtise à n'avoir pas fait la seconde ou la première?

Je ne discuterai point si ces livres dangereux le sont autant qu'on le crie, si le mensonge, le sophisme, n'est pas tôt ou tard reconnu et méprisé, si la vérité qui ne s'étouffe jamais, se répandant peu à peu, gagnant par des progrès presque insensibles sur le préjugé qu'elle trouva établi, et ne devenant générale qu'après un laps de temps surprenant, peut jamais avoir quelque danger réel. Mais je vois que la proscription, plus elle est sévère, plus elle hausse le prix du livre, plus elle excite la curiosité de le lire, plus il est acheté, plus il est lu.

Et combien la condamnation n'en a-t-elle pas fait connaître que leur médiocrité condamnait à l'oubli ? Combien de fois le libraire et l'auteur d'un ouvrage privilégié, s'ils l'avaient osé, n'auraient-ils pas dit aux magistrats de la grande police : « Messieurs, de grâce, un petit arrêt qui me condamne à être lacéré et brûlé au bas de votre grand escalier ? » Quand on crie la sentence d'un livre, les ouvriers de l'imprimerie disent : « Bon, encore une édition ! »

Quoi que vous fassiez, vous n'empêcherez jamais le niveau de s'établir entre le besoin que nous avons d'ouvrages dangereux ou non, et le nombre d'exemplaires que ce besoin exige. Ce niveau s'établira seulement un peu plus vite, si vous y mettez une digue. La seule chose à savoir, tout le reste ne signifiant rien, sous quelque aspect effrayant qu'il soit proposé, c'est si vous voulez garder votre argent ou si vous voulez le laisser sortir encore une fois. Citez-moi un livre dangereux que nous n'ayons pas.

Je pense donc qu'il est inutile pour les lettres et pour le commerce de multiplier les permissions faciles à l'infini, ne mettant à la publication et à la distribution d'un livre qu'une sorte de bienséance, qui satisfasse les petits esprits ; on défère un auteur, les lois le proscrivent, son arrêt se publie, il est lacéré et brûlé, et deux mois après il est exposé sur les quais. C'est un mépris des lois manifeste qui n'est pas supportable.

Qu'un livre proscrit soit dans le magasin du commerçant, qu'il le vende sans se compromettre ; mais qu'il n'ait pas l'impudence de l'exposer sur le comptoir de sa boutique, sous risque d'être saisi.

Je pense que, si un livre est acquis par un libraire qui en a payé le manuscrit et qui l'a publié sur une permission tacite, cela équivaut à un privilége ; le contrefacteur fait un vol que le magistrat préposé à la police de la librairie doit châtier d'autant plus sévèrement qu'il ne peut être poursuivi par les lois. La nature de l'ouvrage qui empêche une action juridique ne fait rien à la propriété.

Si l'ouvrage prohibé dont on sollicite ici l'impression a été publié chez l'étranger, il semble rentrer dans la classe des effets du droit commun ; on peut en user comme le règlement ou plutôt l'usage en ordonne des livres anciens ; la copie n'a rien coûté au libraire, il n'a nul titre de propriété ; faites là-dessus tout ce qu'il vous plaira, ou l'objet d'une faveur, ou la récompense d'un libraire, ou celle d'un homme de lettres, ou l'honoraire d'un censeur, ou la propriété du premier occupant ; mais, encore une fois, né souffrez pas qu'on les mutile.

Mais plus je donne d'étendue aux permissions tacites, plus il vous importe de bien choisir vos censeurs. Que ce soit des gens de poids par leurs connaissances, leurs mœurs et la considération qu'ils se seront acquise ; qu'ils aient toutes les distinctions personnelles qui peuvent en imposer à un jeune auteur. Si j'ai, dans la chaleur de l'âge, dans ce temps où pour ouvrir sa porte à la considération on fait sauter son bonheur par la fenêtre, commis quelques fautes, combien je les ai réparées ! Je ne saurais dire le nombre de productions de toutes espèces sur lesquelles j'ai été consulté et que j'ai retenues dans les portefeuilles des auteurs, en leur remontrant avec force les persécutions auxquelles ils allaient s'exposer, les obstacles qu'ils préparaient à leur avancement, les troubles dont toute leur vie se remplirait,

les regrets amers qu'ils en auraient. Il est vrai que j'en
parlais un peu par expérience ; mais, si j'ai réussi, quels
services ne serait-on pas en état d'attendre d'hommes plus
importants ?

Quand j'ouvre mon Almanach royal et que je trouve, au
milieu d'une liste énorme et à côté des noms de M. Lavocat,
bibliothécaire de la Sorbonne, Saurin, Astruc, Senac, Mo-
rand, Louis, Clairant, De Puycieux, Capperonier, Barthé-
lemy, Bijot et quelques autres que je ne nomme pas et
que je n'en révère pas moins, une foule de noms inconnus,
je ne saurais m'empêcher de lever les épaules.

Il faut rayer les trois quarts de ces gens qui ont été revêtus
de la qualité de juges de nos productions dans les sciences
et dans les arts, sans qu'on sache trop sur quels titres ; conserver le petit nombre des autres qui sont très en état de
donner un bon conseil à l'auteur sur son ouvrage et leur
faire un sort à peu près digne de leurs fonctions.

Il y a déjà quelques pensions : qui empêcherait d'ajouter
à cette expectative un petit tribut sur l'ouvrage même cen-
suré ? Outre l'exemplaire qui revient au censeur, sinon de
droit, au moins d'usage, pourquoi ne lui fixerait-on pas un
honoraire relatif au volume, qui serait à la charge de l'auteur
ou du libraire ? par exemple dix-huit livres pour le volume
in-douze, un louis pour l'in-octavo, trente livres pour l'in-
quarto, deux louis pour l'in-folio ; cette taxe ne serait pas
assez onéreuse pour qu'on s'en plaignît. Ce n'est rien si
l'ouvrage réussit ; c'est un bien léger accroissement de perte
s'il tombe, et puis, elle ne serait payée qu'au cas que l'ouvrage fût susceptible de privilége ou de permission tacite.

La chose est tout à fait différente à Londres ; il n'y a point
de priviléges ni de censeurs. Un auteur porte son ouvrage
à l'imprimeur, on l'imprime, il paraît. Si l'ouvrage mérite
par sa hardiesse l'animadversion publique, le magistrat s'a-
dresse à l'imprimeur ; celui-ci tait ou nomme l'auteur ; s'il
le tait, on procède contre lui ; s'il le nomme, on procède

contre l'auteur. Je serais bien fâché que cette police s'établît ici, bientôt elle nous rendrait trop sages.

Quoi qu'il en soit, s'il importe de maintenir les règlements des corporations, puisque c'est un échange que le gouvernement accorde à quelques citoyens des impositions particulières qu'il assied sur eux, du moins jusqu'à ce que des temps plus heureux lui permettent d'affranchir absolument l'industrie de ces entraves pernicieuses, par l'acquit des emprunts que ces corporations ont faits pour fournir à ces impositions, je puis et je ne balance pas à vous dénoncer un abus qui s'accroît journellement au détriment de la communauté et du commerce de la librairie : je parle de la nuée de ces gens sans connaissances, sans titres et sans aveu, qui s'en immiscent avec une publicité qui n'a pas d'exemple. A l'abri des protections qu'ils se sont faites et des asiles privilégiés qu'ils occupent, ils vendent, achètent, contrefont, débitent des contrefaçons du pays ou étrangères et nuisent en cent manières diverses, sans avoir la moindre inquiétude sur la sévérité des lois. Comment est-il possible que la petite commodité que les particuliers en reçoivent ferme les yeux au magistrat sur le mal qu'ils font? Je demande ce que deviendrait notre librairie, si la communauté de ce nom, réduite aux abois, venait tout à coup à se dissoudre et que tout ce commerce tombât entre les mains de ces misérables agents ou de l'étranger ; qu'en pourrions-nous espérer ? A présent que par toutes sortes de moyens illicites ils sont devenus presque aussi aisés qu'ils le seront jamais, qu'on les assemble tous et qu'on leur propose la réimpression de quelques-uns de ces grands corps qui nous manquent, et l'on verra à qui l'on doit la préférence, ou à ceux qui ont acquis par leur éducation, leur application et leur expérience, la connaissance des livres anciens, rares et précieux, à qui les hommes éclairés s'adressent toujours, soit qu'il s'agisse d'acquérir ou de vendre, dont les magasins sont les dépôts de toute bonne littérature et qui en maintiennent la durée par leurs travaux ;

ou cette troupe de gueux ignorants qui n'ont rien que des
ordures, qui ne savent rien et dont toute l'industrie consiste
à dépouiller de légitimes commerçants et à les conduire insensiblement, par la suppression de leurs rentrées journalières, à la malheureuse impossibilité de nous rendre des
services que nous ne pouvons certainement attendre d'ailleurs. Où est l'équité de créer un état, de l'accabler de charges et d'en abandonner le bénéfice à ceux qui ne les partagent
pas? c'est une inadvertance et une supercherie indigne d'un
gouvernement qui a quelque sagesse ou quelque dignité.

Mais, dira-t-on, que la communauté ne les reçoit-elle?
Plusieurs se sont présentés, j'en conviens; mais je ne vois
pas qu'on puisse blâmer la délicatesse d'un corps qui tient un
rang honnête dans la société, d'en rejeter ses valets. La plupart des colporteurs ont commencé par être valets de libraires, ils ne sont connus de leurs maîtres que par des entreprises faites sur leur commerce, au mépris de la loi. Leur
éducation et leurs mœurs sont suspectes, ou, pour parler
plus exactement, leurs mœurs ne le sont pas. On aurait
peine à en citer un seul en état de satisfaire au moindre
point des règlements; ils ne savent ni lire ni écrire. Étiennes,
célèbres imprimeurs d'autrefois, que diriez-vous s'il vous
était accordé de revenir parmi nous, que vous jetassiez les
yeux sur le corps des libraires et que vous vissiez les
dignes successeurs que vous avez et ceux qu'on veut leur
associer?

Cependant, j'ai conféré quelquefois avec les meilleurs
imprimeurs et libraires de Paris, et je puis assurer qu'il est
des arrangements auxquels ils sont tous disposés à se prêter.
Qu'on sépare de la multitude de ces intrus une vingtaine des
moins notés, s'ils s'y trouvent, et ils ne refuseront point de
se les affilier; on en formera une classe subalterne de marchands qui continueront d'habiter les quartiers qu'ils occupent, et où, par une bizarrerie que je vous expliquerai tout
à l'heure, les libraires par état ne peuvent se transplanter;

ils seront reconnus à la chambre syndicale, ils se soumet-
tront aux règlements généraux, on en pourra faire un particulier pour eux ; on fixera les bornes dans lesquelles leur
commerce se renfermera ; ils fourniront proportionnelle-
ment aux impositions du corps, et les enfants de ces gens-là,
mieux élevés et plus instruits que leurs pères, pourront
même un jour se présenter à l'apprentissage et y être admis.

C'est ainsi, ce me semble, qu'on concilierait de la bonne
et solide librairie avec la paresse des gens du monde qui
trouvent très-commodes des domestiques qui vont leur présenter le matin les petites nouveautés du jour.

En attendant qu'on prenne quelque parti là-dessus, si
les libraires demandent que, conformément aux arrêts et
règlements de leur état, et notamment à l'art. 4 de celui
du 27 février 1723, tous ceux qui se mêleront de leur commerce sans qualité soient punis suivant la rigueur des lois, et
que si, nonobstant les ordonnances du 20 octobre 1721,
14 août 1722, 31 octobre 1754 et 25 septembre 1742, les maisons royales et autres asiles prostitués au brigandage parais-
sent cependant trop respectables pour y faire des saisies et
autres exécutions, il soit sévi personnellement contre ceux
qui y tiendront boutique ouverte et magasins ; je trouve qu'à
moins d'un renversement d'équité qui ne se conçoit pas et qui
signifierait : « Je veux que parmi les citoyens il y en ait qui
me payent tant pour le droit de vendre des livres, et je veux
qu'il y en ait qui ne me payent rien ; je veux qu'il y ait des
impositions pour les uns et point pour les autres, quoique
cette distinction soit ruineuse ; je veux que ceux-ci soient
assujettis à des lois dont il me plaît d'affranchir les autres ;
je veux que celui à qui j'ai permis de prendre ce titre, à
condition qu'il me fournirait tel et tel secours, soit vexé, et
que celui qui s'est passé du titre et qui ne m'a rien donné
profite de la vexation que j'exercerai sur son concurrent ; » il
faut accorder au libraire sa demande ; mais comme vous ne
méprisez rien de ce qui tient à l'exercice de vos fonctions et

que ce qui sert à vous éclaircir cesse d'être minutieux à vos yeux, je vais vous expliquer la première origine de cette nuée de colporteurs qu'on a vus éclore aussi subitement que ces insectes qui dévorent nos moissons dans l'Angoumois. Je la rapporte à un règlement qui put être autrefois raisonnable, mais qui par le changement des circonstances est devenu tout à fait ridicule.

Ce règlement, qui date de la première introduction de l'imprimerie en France, défend à tout libraire et à tout imprimeur de transporter son domicile au delà des ponts.

L'imprimerie s'établit à Paris en 1470. Ce fut Jean de La Pierre, prieur de Sorbonne, qui rendit ce service aux lettres françaises. La maison de Sorbonne, célèbre dès ce temps, fut le premier endroit où il plaça les artistes qu'il avait appelés.

L'art nouveau divisa la librairie en deux sortes de commerçants : les uns libraires marchands de manuscrits, et les autres libraires marchands de livres imprimés. La liaison des deux professions les réunit en un seul corps, tous devinrent imprimeurs et furent compris indistinctement sous l'inspection de l'Université. L'intérêt de leur commerce les avait rassemblés dans son quartier, ils y fixèrent leurs domiciles.

Charles VIII, à la sollicitation des fermiers contre le grand nombre des privilégiés, pour le diminuer, fixa, en 1488, celui des libraires de l'Université à vingt-quatre ; les autres, sans participer aux priviléges, furent arrêtés par la commodité du débit aux mêmes endroits qu'ils habitaient.

Cependant, le goût de la lecture, favorisé par l'imprimerie, s'étendit ; les curieux de livres se multiplièrent, la petite enceinte de la montagne ne renferma plus toute la science de la capitale, et quelques commerçants songèrent à se déplacer et à porter leur domicile au delà des ponts.

La communauté, qui d'une convenance s'était fait une loi de rigueur, s'y opposa, et les syndics et adjoints, chargés de la police intérieure de leur corps, représentèrent que la visite des livres du dehors prenant déjà une grande partie de leur temps, ils ne pourraient suffire à celle des imprimeries, si, s'éloignant les unes des autres, elles se répandaient sur un plus grand espace.

De là les arrêts du Conseil et du Parlement, et les déclarations rapportées au Code de la librairie sous l'art. 12 du règlement de 1723, qui défend aux imprimeurs et libraires de Paris de porter leur domicile hors du quartier de l'Université.

Cette petite enceinte fut strictement désignée à ceux qui tiendraient magasin et boutique ouverte et qui seraient en même temps imprimeurs et libraires; quant à ceux qui ne seraient que libraires, on leur accorda le dedans du Palais, et l'on permit à quelques autres, dont le commerce était restreint à des heures et à des petits livres de prières, d'habiter les environs du palais et de s'étendre jusque sur les quais de Gesvres.

Toute cette police des domiciles est confirmée depuis 1600 par une suite de sentences, d'arrêts et de déclarations ; elle a subsisté même après la réduction du nombre des imprimeurs à Paris à trente-six, elle subsiste encore, sans qu'il reste aucun des motifs de son institution. Autant l'état ancien de la librairie et des lettres semblait exiger cet arrangement, autant leur état actuel en demande la réforme.

L'art typographique touche de si près à la religion, aux mœurs, au gouvernement, et à tout l'ordre public, que pour conserver aux visites leur exécution prompte et facile, peut-être est-il bien de renfermer les imprimeries dans le plus petit espace possible. Que le règlement qui les retient dans le seul quartier de l'Université subsiste, à la bonne heure. Mais pour les boutiques et magasins de librairie, dont les visites sont moins fréquentes, il est rare que la publicité de la vente ne mène droitement au lieu de la malversation, et que l'application du remède, quand il en est besoin, soit retardée ou empêchée par aucun obstacle.

D'ailleurs, la partie de la ville qui est hors de l'enceinte de l'Université est la plus étendue. Il y a des maisons religieuses, des communautés ecclésiastiques, des gens de loi, des littérateurs et des lecteurs en tous genres. Chaque homme opulent, chaque petit particulier qui n'est pas brute a sa boutique, plus ou moins étendue. Cependant la vieille police qui concentrait les libraires dans un espace, continuant de s'exercer, lorsque l'intérêt de ces commerçants et la commodité publique demandait qu'on les répandît de tous côtés, quelques hommes indigents s'avisèrent de prendre un sac sur leurs épaules, qu'ils avaient rempli de livres achetés ou pris à crédit dans les boutiques des libraires; quelques pauvres femmes, à leur exemple, en remplirent leurs tabliers, et les uns et les autres passèrent les ponts et se présentèrent aux portes des particuliers. Les libraires dont ils facilitaient le débit leur firent une petite remise qui les encouragea. Leur nombre s'accrut, ils entrèrent partout, ils trouvèrent de la faveur, et bientôt ils eurent au Palais-Royal un temple et dans les autres palais et lieux privilégiés des boutiques et des magasins. Des gens sans qualité, sans mœurs, sans lumières, guidés par l'unique instinct de l'intérêt, profitèrent si bien de la défense qui retenait les libraires en deçà de la rivière qu'ils en vinrent à faire tout leur commerce au delà.

Encore s'ils avaient continué de se pourvoir chez votre vrai commerçant, la chose eût été tolérable ; mais ils connurent les auteurs, achetèrent des manuscrits, ils obtinrent des priviléges, ils trouvèrent des imprimeurs, ils contrefirent, ils recherchèrent les contrefaçons de l'étranger, ils se jetèrent sur la librairie ancienne et moderne, sur le commerce du pays et sur les effets exotiques, ils ne distinguèrent rien, ne respectèrent aucune propriété, achetèrent tout ce qui se présenta, vendirent tout ce qu'on leur demanda, et une des raisons secrètes qui les mit en si grand crédit, c'est qu'un homme qui a quelque caractère , une femme à qui il reste quelque pudeur, se procuraient par ces espèces de valets un livre abominable dont ils n'auraient jamais osé prononcer le titre à un honnête commerçant. Ceux qui ne trouvèrent point de retraite dans les lieux privilégiés, assurés, je ne sais pas trop comment, de l'impunité, eurent ailleurs des chambres et des magasins ouverts où ils invitèrent et reçurent les marchands ; ils se firent des correspondances dans les provinces du royaume, ils en eurent avec l'étranger, et les uns ne connaissant point les bonnes éditions et d'autres ne s'en souciant point, chaque commerçant proportionnant la qualité de sa marchandise à l'intelligence et au goût de son acheteur, le prix vil auquel le colporteur fournit des livres mal facturés, priva le véritable libraire de cette branche de son commerce. Qu'y a-t-il donc de surprenant si ce commerçant est tombé dans l'indigence, s'il n'a plus de crédit, si les grandes entreprises s'abandonnent, lorsqu'un corps autrefois honoré de tant de prérogatives devenues inutiles s'affaiblit par toutes sortes de voies ?

Ne serait-ce pas une contradiction bien étrange qu'il y eût des livres prohibés, des livres pour lesquels, en quelque lieu du monde que ce soit, on n'oserait ni demander un privilége, ni espérer une possession tacite, et pour la distribution desquels on souffrît cependant, on protégeât une certaine collection d'hommes qui les procurât au mépris de la loi, au su et au vu du magistrat, et qui fît payer d'autant plus cher son péril simulé et son infraction manifeste des règles ? Ne serait-ce pas une autre contradiction aussi étrange que de refuser au véritable commerçant dont on exige le serment, à qui l'on a fait un état sur lequel on assied des impositions, dont l'intérêt est d'empêcher les contrefaçons, une liberté ou plutôt une licence qu'on accorderait à d'autres ?

N'en serait-ce pas encore une autre que de les resserrer, soit pour ce commerce qu'on appelle prohibé, soit pour son commerce autorisé, dans un petit canton, tandis que toute la ville serait abandonnée à des intrus ?

Je n'entends rien à toute cette administration, ni vous non plus, je crois.

Qu'on ne refuse donc aucune permission tacite ; qu'en vertu de ces permissions tacites le vrai commerçant jouisse aussi sûrement, aussi tranquillement que sur la foi d'un privilége ; que ces permissions soient soumises aux règlements ; que, si l'on refuse d'éteindre les colporteurs, on les affilie au corps de la librairie ; qu'on fasse tout ce qu'on jugera convenable, mais qu'on ne resserre pas le vrai commerçant dans un petit espace qui borne et anéantit son commerce journalier ; qu'il puisse s'établir où il voudra ; que le littérateur et l'homme du monde ne soient plus déterminés par la commodité à s'adresser à des gens sans aveu, ou contraints d'aller chercher au loin le livre qu'ils désirent. En faisant ainsi, le public sera servi, et le colporteur, quelque état qu'on lui laisse, éclairé de plus près et moins tenté de contrevenir.

L'émigration que je propose ne rendrait pas le quartier de l'Université désert de libraires, on peut s'en rapporter à l'intérêt. Celui qui a borné son commerce aux livres classiques grecs et latins ne s'éloignera jamais de la porte d'un collége. Aussi l'Université ne s'est-elle pas opposée à cette dispersion et n'en a-t-elle rien stipulé dans l'arrêt de règlement du 10 septembre 1725.

Les libraires établiront leur domicile où bon leur semblera ; quant aux trente-six imprimeurs, qui suffiront seuls à pourvoir les savants de la montagne, ils resteront dans la première enceinte, et par ce moyen on aura pourvu à l'intérêt de la religion, du gouvernement et des mœurs, à la liberté du commerce, au secours de la librairie qui en a plus besoin que jamais, à la commodité générale et au bien des lettres.

Si donc les libraires requièrent à ce qu'il plaise au roi de leur permettre de passer les ponts et de déroger aux arrêts et règlements à ce contraires, il le leur faut accorder. S'ils demandent des défenses expresses à tous colporteurs et

autres sans qualité de s'immiscer dans leur commerce, et de
s'établir dans les maisons royales et autres lieux privilégiés,
à peine de dépens, dommages et intérêts, même poursuite
extraordinaire, information, enquête, peine selon les ordonnances, saisie et le reste, il faut le leur accorder.

S'ils demandent qu'il soit défendu à tous libraires forains
et étrangers d'avoir l'entrepôt et magasin et même de s'a-
dresser pour la vente à d'autres que le vrai commerçant, et
ce sur les peines susdites, il faut encore le leur accorder.

Toute cette contrainte me répugne plus peut-être qu'à vous;
mais ou procurez la liberté totale du commerce, l'extinction
de toute communauté, la suppression des impôts que vous en
tirez, l'acquit des dettes qu'elles ont contractées dans vos besoins, ou laissez la jouissance complète des droits que vous
leur vendez, sans quoi, je vous le répète, vous ressemblerez
au commerçant qui entretiendrait à sa porte un filou pour
enlever la marchandise qu'on aurait achetée de lui; vous
aurez rassemblé en corps des citoyens sous le prétexte de leur
plus grand intérêt, pour les écraser plus sûrement tous.

PARIS. — IMPRIMERIE DE CH. LAHURE ET Cⁱᵉ

Rues de Fleurus, 9, et de l'Ouest, 21

www.ingramcontent.com/pod-product-compliance
Lightning Source LLC
Chambersburg PA
CBHW052100270326
41931CB00012B/2831